JN039441

実験哲学入門

鈴木貴之 編著

keiso shobo

はしがき

　実験哲学は、2000 年以降の分析哲学における最も重要な研究動向の 1 つである。現在では、哲学のほぼすべての問題領域にわたって、毎年数十本、あるいはそれ以上の実験哲学の研究論文が出版されている。

　とはいえ、「実験哲学」という言葉を初めて目にする人は、それが語義矛盾であるように感じるかもしれない。哲学者は、椅子に座って（あるいは歩き回りながら）思索にふける人種であって、実験とは最も縁のない存在であるように思われるからである。

　典型的な実験哲学研究とは、ある哲学の問題に関する人々の考え方を、質問紙を用いて調査するものである。そうだと知ってもなお、そのような活動にいったい何の意味があるのか、疑問に思う人もいるだろう。アンケート調査で哲学の問題に答えが出せるならば、哲学者は何のために存在するのだろうか。

　しかし、哲学のアンケート調査など無意味だ、と結論づけるのはまだ早い。本書を読み進めればわかるように、実験哲学は、さまざまな哲学的な可能性を秘めた研究領域だからである。実験哲学研究は、ある哲学的な問題に関するどの立場が正しいかを明らかにするという、建設的な意義を持ちうるし、哲学的な問題を考える際の心のメカニズムを明らかにするという、認知科学的な意義も持ちうる。さらには、従来の哲学の方法論に疑問を投げかけるという、破壊的な意義も持ちうる。実験哲学は、哲学研究のあり方を大きく変える可能性を秘めた営みなのである。

　本書の目的は、代表的な研究の紹介を通じて、実験哲学とはどのような営みであり、どのような意義を持つのかを明らかにすることである。本書の構成は以下の通りである。第 1 章では、実験哲学とは何かを簡単に紹介する。第 1 章の末尾には、実験哲学に関する基本文献の簡単な紹介もある。第 2 章から第 7

章では、哲学の各分野における代表的な実験哲学研究を詳しく紹介する。それぞれの章で取り上げる分野は以下の通りである。

それぞれの章では、その分野における代表的な実験哲学研究を1つまたは2つ取り上げ、その内容を詳しく紹介する。その分野に関する予備知識なしに読めるよう、研究の背景にある論争なども簡単に説明している。さらに、代表的な研究が登場した後に生じた論争や、その中で登場した重要な研究も紹介する。章の最後では、それぞれの分野における哲学研究にとって実験哲学研究がどのような意義を持ちうるかについて、各章の著者なりの評価も試みている。第8章では、第7章までの概観を踏まえて、従来の実験哲学研究の方法論的な問題点や、実験哲学研究の今後の課題などを、社会心理学の観点から考察する。最後の第9章では、これまでの実験哲学研究の成果を確認するとともに、実験哲学研究に対する主な批判を検討し、実験哲学の今後の可能性を考察する。

　本書が扱わない内容についても、あらかじめ明らかにしておこう。理想的には、実験哲学の入門書は、実験哲学研究に興味を持った人が自ら実験哲学研究に取り組むことができるよう、実験哲学研究の手法についても解説すべきだろう。しかし、2つの理由から、本書では研究手法に関する技術的な解説は行わないことにした。第一の理由は、そのような解説を書くことは大変な作業であり、主に哲学者からなる執筆者の力量を超えているということである。第二の理由は、現在行われている実験哲学研究は、社会心理学をはじめとする隣接分野における研究手法に則って行われており、それらの分野には、研究法や調査法に関する優れた教科書がすでに多数存在するということである。自ら実験哲学研究を行いたい人は、第1章で紹介するものも含めて、そのような教科書で

必要な知識を得ることができるはずである[1]。

　実験哲学とは何かを理解すれば、それが重要な営みであることがわかるだろう。実験哲学が重要な営みであることがわかれば、さまざまな研究論文に目を通したくなるだろう。さまざまな研究論文に目を通せば、自ら実験哲学研究を行ってみたくなるだろう。本書がその入り口となり、道案内となることが、著者一同の願いである。

著者を代表して　鈴木貴之

---

[1]　実験哲学の哲学的な概説と、質問紙調査や統計分析の技術的な概説を兼ねた入門書としては、第1章で紹介する Sytsma and Livengood（2016）がある。

実験哲学入門

目　次

はしがき（鈴木貴之）

第1章 | 実験哲学とは何か

鈴木貴之

　実験哲学の具体的な研究を紹介する前に、この章では、実験哲学がどのような営みであり、何を目指しているのかを簡単に説明しよう。そのためにはまず、哲学とはどのような営みであるのかを考えてみる必要がある。

1.1　哲学と事例の方法

哲学の問題とは何か

　哲学は多様な問題を扱う学問である。知識、言葉の意味、自由意志、物事の善悪、これらはすべて広い意味での哲学の問題である。では、これらの問題にはどのような共通点があるのだろうか。

　この問いに対する1つの答えは、これらの問題はすべて、われわれの物の見方の中核をなすような事柄に関する問いであること、そして、いずれの問題においても、「ある人があることを知っているとは、その人が○○だということである」、「あることが道徳的に善いとは、それが○○だということである」というような答えを与えることが目指されている、ということである。言いかえれば、哲学的探究の目的とは、われわれの世界観の中核をなす事柄の本質を明らかにすることなのである。

　哲学の問題の中には、本質の解明が直接の課題ではないものもあるように思われるかもしれない。しかし、そのような場合でも、その問題を考える上で鍵となる事柄の本質を解明することは、哲学的な探究に不可欠な作業である。たとえば、自然科学的な世界観の下でわれわれが自由意志を持ちうるかどうかは、

自由意志がどのようなものであるか次第である。また、安楽死が道徳的に許されるかどうかは、あることが道徳的に悪いということがどのようなことであるか次第である。

　では、どのようにすればある事柄の本質を明らかにすることができるのだろうか。ある事柄の本質を明らかにするとは、理想的には、その定義を与えること、言いかえれば、その必要十分条件を与えることだと考えられる。たとえば、知識の本質を明らかにするということは、ある人があることを知っているための必要十分条件を明らかにすることだとしよう。そうだとすれば、知識の本質を明らかにするためには、どのような事例が知識の具体例であり、どのような事例が知識の具体例でないかを明らかにすることが重要になる。知識の具体例を特定し、それらに（そしてそれらにのみ）共通の特徴とは何かを明らかにすることで、知識の必要十分条件が明らかになると考えられるからである。

事例の方法

　このような探究において用いられるのは、ある重要な哲学的問題に関連する現実または架空の個別事例を考え、その事例について何が言えるかを検討することを通じて、そこで問題となっている事柄の本質を明らかにするという手法である。このような手法は、しばしば「事例の方法（the method of cases）」と呼ばれる。

　事例の方法は、肯定的な目的にも否定的な目的にも用いることができる。たとえば、ある規範倫理学の理論によれば、ある条件を満たす安楽死は道徳的に許容されることになるとしよう。ここで、この条件を満たすある架空の事例を考え、その状況における安楽死はたしかに道徳的に許容されるとわれわれが考えるとすれば、その理論は一定の支持を得ることになる。他方で、その状況における安楽死は道徳的に許容されないとわれわれが考えるとすれば、その理論の説得力はある程度失われることになる[1]。

---

1)　ただし、1つの個別事例に関する直観に基づいて理論がただちに否定されるわけではない。われわれは、その事例について誤解していたために不適切な直観を抱いたのかもしれないし、他の多くの事例に関する逆の直観に基づいて、この事例に関するわれわれの直観自体が捨て去られるべきであると論じることも可能だからである。実際に、たとえば功利主義者は、功利主義から導かれる結論を優先し、肉食や動物実験を容認する直観を退ける。

　事例の方法における哲学理論と個別事例の関係は、科学理論とデータの関係と類比的に考えることができる。自然科学においては、科学理論は、個別的なデータをできるだけ包括的、整合的に説明することを目標とする。同様に、哲学理論は、個別事例に関するわれわれの直観を、できるだけ包括的、整合的に説明することを目指すのである。

　ただし、自然科学と哲学の間には重要な違いが 1 つある。自然科学理論を構築するためのデータは、観察や実験によって、経験的に獲得される必要がある。これに対して、哲学理論の構築のために必要なデータは、さまざまな個別事例に関してわれわれがどのように考えるかということであり、それを明らかにするために必要なことは、それらの事例について実際に考えてみることだけである。そうだとすれば、哲学者はデータ収集のための観察や実験に携わる必要はないことになる。自然科学と異なり、哲学は安楽椅子的な営みだと考えられてきたのはこのためである[2]。

直観に注目する

　事例の方法を用いて哲学的な問題を論じる際には、直観（intuition）という言葉がしばしば用いられる。たとえば、「われわれはある事例において安楽死が道徳的に容認されるという直観を持つ」、あるいは、「その事例においては安楽死が道徳的に容認されると直観的に思われる」、といった語り方が用いられるのである。

　では、直観とは何だろうか。実は、直観とは何かということに関してはさま

---

[2]　哲学はア・プリオリな営みだと特徴づけられることもある。ア・プリオリとはア・ポステリオリの対義語として用いられる哲学用語で、ある事柄がア・プリオリであるとは、いかなる経験とも独立に（言いかえれば言葉の意味理解だけに基づいて）それが知られうるということであり、ある事柄がア・ポステリオリであるとは、何らかの経験を通じてのみそれが知られうるということである。

　ただし、哲学の営みがすべてア・プリオリで安楽椅子的であるとは限らない。たとえば、心の哲学において思考とは何かを考えるときには、思考は常に演繹的な推論であるのか、思考は常に言語的であるのか、といったことを明らかにする必要があるだろう。そしてそのためには、心理学や認知科学などの経験的な研究に目を向ける必要がある。そうだとすれば、以下で「哲学としての実験哲学」と呼ぶタイプの実験哲学研究は、こうしたア・プリオリでも安楽椅子的でもない哲学の下位領域においては、重要な意味を持たないかもしれない。この点については、第 9 章で詳しく論じる。

ざまな立場があり、事例の方法を用いる哲学者の間でも、共通了解が存在する
わけではない。ある人々は、直観とは視覚や聴覚といった知覚能力と類比的だ
がそれらとは異なる、固有の知的能力だと考える。このような立場によれば、
われわれは、ものの色や形を見て取るのと同様の仕方で、あることが道徳的に
容認されないことを知るのだということになる。別の人々は、直観とは独特の
主観的な感じを伴う心的状態だと考える。この立場によれば、たとえば、ある
事例において安楽死が容認されると考えるときでも、それが明らかであるとか、
正しいに違いないといった独特の感じを伴うときにのみ、それは直観と呼ぶに
ふさわしいのだ、ということになる。しかし、これらの定義には問題も多い。
現在の心理学や神経科学の知見を踏まえれば、われわれが直観という固有の知
的能力を持つという想定は疑わしい。また、直観を独特の感じによって定義す
る立場に関しても、そのような感じが本当に存在するのか、存在するとしても
われわれはそれが生じていることを正しく判定できるのか、といった疑問が生
じる。

　したがって、ここでは直観をより広い意味で理解しておくのがよいだろう。
以下で採用するのは、ある事例についての直観とは、その事例について意識的
な推論を経ることなく下された判断である、という理解である。ここで「意識
的な推論を経ることなく下された」という限定が設けられているのは、事例の
方法において個別事例に関する直観を用いる際には、その問題についての理論
的なバイアスの影響を排除したいからである。たとえば、ある事例における安
楽死の是非について（時間をかけて）考えれば、功利主義が正しいと考えてい
る人は功利主義的な回答を、功利主義は間違っていると考えている人は反功利
主義的な回答をするだろう。しかし、ここで事例の方法を用いて行いたいこと
は、事例に関する直観に基づいて功利主義の妥当性を評価することである。そ
のためには、回答は功利主義に関するバイアスを含まないものでなければなら
ない。意識的な推論を経ることなく下された判断に着目するのは、このような
事情からである[3]。

---

3)　では、どのようにすればこのような判断を得ることができるだろうか。1つの方法は、意識的
な推論を行えないように素早く回答させることである。もう1つの方法は、そもそも理論的なバ
イアスがないと考えられる人々（倫理学の授業を受講したことのない大学生など）に回答させる

　ここで、個別事例に関する直観を調べるとき、より正確に言って哲学者は何をしているのだろうか、という疑問が生じるかもしれない。この疑問に対しては、3 通りの仕方で回答が可能である。第一に、たとえば、ある人がさまざまな個別事例の道徳的善悪に関してどのような直観を持つかを体系的に調べれば、その人が道徳的な善悪という語をどのように用いているか、あるいは、道徳的な善悪についてどのような考えを持っているかを明らかにすることができる。ここで明らかにされるのは、個人の心的状態としての概念である。

　ある特定の個人の概念を解明することは、哲学的にそれほど興味深い営みではないかもしれない。しかし、個別事例に関するわれわれの直観がおおむね一致するとすれば、事例の方法は、個人の心的状態としての概念というよりは、個人間で共有されるものとしての概念の内実を明らかにするのだと考えることができる。事例の方法がこのような意味での概念を明らかにするとすれば、それは、われわれが共有する道徳的な善悪についての考え方を解明していることになり、哲学的により興味深い営みだということになる。これが第二の回答である。哲学の中心的な仕事を概念分析（conceptual analysis）と特徴づける人々は、主にこのような解釈をとっているように思われる。たとえばフランク・ジャクソンは、1998 年に出版された著作『形而上学から倫理学へ』において、つぎのように述べている。「どのようにすればわれわれの日常的な概念を同定できるだろうか。私の考えでは、自由な行為、決定論、信念等々に関して最も自明で中心的であるように思われることを、可能な事例に関する直観によって明らかにし、それに訴えることによって同定する、というのが唯一可能な答えである」（Jackson 1998, p. 31）。

　第三に、個別事例に関する直観は、それ以上のものを明らかにしていると考えることも可能である。たとえば、ある事例における安楽死は道徳的に容認できないとわれわれが考えるときには、たんに道徳的な善悪についてわれわれはそのような考え方を持っているということが明らかになるだけでなく、そのような状況における安楽死は実際に道徳的に容認できないということが明らかになるのかもしれない。言いかえれば、個別事例に関する直観は、われわれの考

_____

　ことである。

えを明らかにするだけでなく、何らかの客観的事実を明らかにするのかもしれない。そうだとすれば、直観を基礎として得られる哲学理論は、われわれの考え方についての理論ではなく、世界そのものについての理論だということになる[4]。

　このように、直観については3つの考え方がある。そして、直観についての理解に応じて、事例の方法を用いた哲学の営みがどのような営みであるかに関しても、3通りの理解があるということになる[5]。もっとも、直観とは何か、直観を用いて哲学者は何をしているのかという問いは、哲学についての哲学的な問い、すなわちメタ哲学の問いであり、かつさまざまな立場や論争を持つ問いであるため、本書ではこれらの問いに関しては中立的な立場をとっておくことにしよう。

多様な思考実験

　事例の方法に話を戻そう。哲学、特に20世紀後半以降の分析哲学の歴史を見れば、事例の方法はきわめて一般的な手法であることがわかる。以下に挙げるように、分析哲学の主要分野では、既存の理論を批判したり新たな理論を擁護したりするために、数多くの思考実験が用いられてきた。思考実験とは事例の方法を活用した分析にほかならず、事例の方法は、分析哲学の標準的な手法の1つなのである[6]。

　　認識論：ゲティア事例（第2章を参照）、人間温度計の思考実験（1.3を参照）、
　　　書割納屋の思考実験、銀行開業日の思考実験
　　言語哲学：ゲーデルとシュミットの思考実験（第3章を参照）、根元的翻訳の
　　　思考実験
　　心の哲学：中国語の部屋、メアリーの思考実験、ゾンビの思考実験
　　自由意志：フランクファート事例（第4章を参照）、独裁者の息子の思考実験

---

4)　知覚と同様に、直観も誤りうるものだとすれば、直観は世界のあり方に関する一応の証拠、あるいは阻却可能な証拠だということになる。
5)　われわれの概念は個人間でほぼ同じであり、かつそれが世界のあり方を基本的に正しく捉えているのだとすれば、どの解釈をとるとしても、実質的な違いは生じないことになる。
6)　哲学における有名な思考実験のわかりやすい紹介としては、バジーニ（2012）を参照。

人格の同一性：瞬間移動装置の思考実験

倫理学：トロリー問題（第6章を参照）、生き残りを賭けたくじ引きの思考実験、バイオリニストの思考実験

1.2　事例の方法から実験哲学へ

直観の一致をめぐる仮説

哲学の問題を考察する上では事例の方法が有用だとして、具体的にはどのようにこの方法を用いればよいのだろうか。

哲学者はこれまで、哲学者自らが問題の事例について考えれば十分である、という考えを暗黙の前提としてきた。個別事例に関するわれわれの直観はおおむね一致するはずだ、というのがその理由である。フランク・ジャクソンは、前掲書でこの点についても明示的に論じている。

> しばしば、重大な反論という調子を込めて、つぎのような質問をされることがある。概念分析がわれわれの分類実践を支配するものの解明に関わるのだとすれば、あなたはなぜさまざまな事例に対する人々の反応についてきちんとした意見調査をしようとしないのか、という質問である。これに対する私の答えは、必要があればそうする、というものである。教室でゲティア事例を紹介する人はみな、ちょっとしたフィールドワークをしているのであり、ほとんどの場合にどのような答えが返ってくるかを、われわれは知っている。しかし、しばしばわれわれには自分自身の反応が典型的であることがわかり、それを他者に一般化できるということもまた事実である。多くの人がゲティア事例に関して一致したことは、ゲティアにとってはまったく驚くべきことではなかっただろう。(Jackson 1998, pp. 36-37)

しかし、本当に人々の直観は一致しているのだろうか。これは経験的な仮説であり、実際に人々の直観を調査してみれば、それが正しいかどうかを検証できるはずである。さらに、この仮説を疑うべき具体的な理由もある（cf. Sytsma and Buckwalter 2016）。たとえば、リチャード・ニスベットらの文化心理学研究

（cf. Nisbett 2003）によれば、文化の違いはわれわれの認知や知覚の様式など、さまざまな心的能力に影響を及ぼす。そうだとすれば、個別事例に関する直観が文化的に異なる可能性もあるかもしれない。また、ダニエル・カーネマンらの行動経済学研究（cf. Kahneman 2011）は、われわれの非熟慮的な認知過程がさまざまなバイアスの影響を受けることを明らかにしてきた。たとえば、同じ問題をどのような表現を用いて尋ねるかによって、その質問に対する回答は変化する。同じようなことが個別事例に関する直観にも生じるとすれば、人々の直観はそれほど一貫したものではないかもしれない。

実験哲学の始まり

　このような見立てのもと、2000 年頃から、ラトガーズ大学のスティーヴン・スティッチを中心とした哲学者のグループが、一般人の直観についての体系的な調査を開始した。これが実験哲学の始まりである。スティッチらの研究は、事例の方法で用いられる有名な思考実験について質問紙調査を行い、その結果を統計的に分析するというものである。最初に論文化された研究を例として、それがどのようなものであるかを簡単に紹介しよう。

　スティッチがジョナサン・ワインバーグ、ショーン・ニコルズと行った研究（Weinberg, Nichols, and Stich 2001）では、これまでの心理学や認知科学の知見を踏まえ、

　①認識論的な直観は文化間で変化する。
　②認識論的な直観は社会経済的集団間で変化する。
　③認識論的な直観は哲学の授業をとった経験に応じて変化する。
　④認識論的な直観は事例が提示される順番に応じて変化する。

という４つの仮説を立て、質問紙調査によってこれらを検証した。ここでは①についての調査を紹介しよう。

　ワインバーグらは、ラトガーズ大学の西洋人学生と東アジア人学生に、認識論の文脈で有名な人間温度計の事例を提示し、両者の回答を比較した。実際に提示したのは、以下のようなシナリオと質問である。

ある日、チャールズの頭に岩が落下し、彼の脳の配線が変化した。その結果、彼は、いまいる場所の気温について考えるときには、常に正しい答えを得られるようになった。自分の脳がそのように変化したことについて、チャールズはまったく気づいていない。数週間後、この再配線の結果として、彼は部屋が 21℃ だという考えを抱いた。それ以外には、部屋が 21℃ だと考えるべき理由はない。部屋は実際に 21℃ である。このとき、チャールズは部屋が 21℃ だと実際に知っているのだろうか、それとも、たんにそう思っているだけだろうか。

　　実際に知っている　　　　たんにそう思っている

彼らが得た結果によれば、東アジア人学生は、西洋人学生よりもチャールズが実際に知っていることを否定することが多かった[7]。このような結果から、彼らは、認識論的な直観は文化相対的であり、認識論の議論において、西洋の哲学者が自らの直観に基づいて知識に関する理論を構築するときには、普遍的な哲学理論を構築しているのではなく、西洋に固有な理論を構築しているにすぎないと考えるべきだと主張している[8]。

　この研究そのものに対しては、その後さまざまな批判も提出されている[9]。しかし、ここで重要なのは、哲学者の直観は典型的なものであり他の人々にも広く共有されているという前提に疑問の余地があることが、経験的に確かめられたということである。この前提は、経験的な検証が可能なだけでなく、経験的な検証が必要なものでもあることが明らかになったのである。スティッチを

---

7)　「実際に知っている」と回答した人は、西洋人学生では 189 人中 61 人だったのに対して、東アジア人学生では 25 人中 3 人だった。

8)　ただし、脳の配線の変化は、岩が落下したことの結果ではなく、邪悪な科学者による手術の結果であるという内容にシナリオを変更すると、両者の違いはなくなった。また、第 2 章で取り上げるゲティア事例では、東アジア人学生では登場人物が知識を有していると回答する割合が高いという、逆の結果が得られている。これらの結果を整合的に解釈できるかどうかはそれ自体興味深い問題だが、ここでのポイントは、回答傾向に文化差があることや、わずかなシナリオ設定の違いによって回答傾向が変化することである。

9)　第 2 章では、同じ論文に収録されている別の研究と、それに対する批判が詳しく紹介されている。

中心とするグループによる一連の研究が口火となり、これ以降、質問紙調査を用いた実験哲学研究は急速に活発になっていった[10]。

実験哲学の典型的な手順

以上のような簡単な事例紹介からもわかるように、典型的な実験哲学研究は以下のような手順で進められる。まず、個別事例に関する直観が重要な役割を果たしている哲学的問題を、研究対象として特定する。つぎに、実験哲学者の関心に応じて、われわれがどのような直観を持っているのか、ある直観は広く共有されているのか、どのような条件の下で直観が変化するのかなどに関して、それを経験的に確かめるための実験（典型的には質問紙を用いた調査）が計画される。実験を計画する上では、調査に用いる質問によって本当に調べたいことを調べることができるか、想定外の要因によって回答が影響されることはないかといったことが、慎重に検討される。調査結果が得られたのちには、統計的検定を用いて、その結果は信頼できるものか、条件間に有意な差はあるかなどが分析される。ここでは、実験計画やデータの種類に応じて適切な種類の統計的検定を用いることも重要となる。このような作業を通じて、何らかの哲学理論を擁護したり、批判したりすることが、実験哲学研究の目的である。もちろんこれはきわめて一般的・抽象的な特徴づけであり、第2章以降で具体的な研究事例を見ていくことで、より具体的なイメージをつかむことができるはずである。

---

10) 実験哲学が登場した背景には、もう1つ要因がある。それは、分析哲学におけるメタ哲学的な問題関心の高まりである。20世紀後半に、事例の方法が分析哲学のさまざまな場面で用いられるようになるにしたがって、その重要性や信頼性に関する関心も高まっていった。たとえば、意識の問題を論じる際には、クオリア逆転の思考可能性や哲学的ゾンビの思考可能性に基づいて、意識の自然化は不可能であるという強い主張がなされることがある。これに対して、これらの直観はどのような心的能力に基づくものなのか、何を明らかにしているのか、どの程度信頼できるのかといった疑問が提起され、理論的な理由から直観の信頼性を疑う人々も現れた。このような経緯で、1990年代には、哲学における直観の役割やその本性に関する議論が盛んになっていった。（代表的な文献としては DePaul and Ramsey（1998）や Pust（2000）がある。）実験哲学研究、特に否定的プログラムに属する研究は、このような問題関心を受け継ぐものでもある。

1.3　実験哲学の広がり

実験哲学の 2 つのプロジェクト

　実験哲学研究が盛んになるにしたがって、研究の目的や手法も多様化していった。ここでは、従来の整理を参考にしつつ、実験哲学研究の主なタイプを概観しよう[11]。

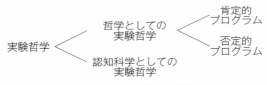

図 1.1　実験哲学の 3 分法

　まず、実験哲学研究には、個別事例に関する直観を対象とするものと、それ以外のものがある[12]。上で見たように、近年の実験哲学研究は、個別事例に関する直観をめぐる論争から生まれてきた。それゆえ、いまのところ、実験哲学研究の大部分は、個別事例に関する直観を題材とした研究である。しかし、実験哲学を、経験的な研究手法を用いた哲学的問題の探究という広い意味で理解するならば、実験哲学にはほかにもさまざまな可能性があるはずである。これについては後で述べることにして、まずは直観を対象とする研究に焦点を当てることにしよう。

　直観を対象とした実験哲学研究の中には、2 つの異なるプロジェクトがある。1 つは、個別事例に関する人々の直観を体系的に解明することを通じて、伝統的な哲学の問題に何らかの解決をもたらそうというものである。ここではこれを、「哲学としての実験哲学」と呼ぶことにしよう。このプロジェクトにおいては、実験哲学研究によって明らかにされる直観についてのデータは、さまざ

---

11)　以下で紹介する 3 分法は網羅的ではなく、各タイプは相互に排他的なわけでもないため、必ずしもよい分類法とは言えないのだが、すでに一般的となっているため、本書でもこれを用いることにする。

12)　Sytsma and Livengood（2016）や Stich and Tobia（2016）は、直観を対象とする研究を狭義の実験哲学と呼んでいる。

まな哲学理論を確証したり反証したりする証拠だということになる[13]。

　もう１つは、個別事例に関する直観が哲学的問題の解決をもたらすかどうか
は重視せず、われわれの直観がどのような心理的メカニズムによって生み出さ
れているのかを解明することに主眼を置くものである。このような関心のもと
で行われる実験哲学研究は、心理学研究あるいは認知科学研究の一部と考える
ことができる。それゆえ、本書ではこのようなプロジェクトを「認知科学とし
ての実験哲学」と呼ぶことにしよう。

哲学としての実験哲学①──肯定的プログラム

　まずは、哲学としての実験哲学のほうから見ていこう。哲学としての実験哲
学の中には、さらに２つの異なるプロジェクトがある。１つは、哲学者がこれ
まで行ってきた自らの直観に依拠した理論構築を、経験的な調査手法を用いて
より体系的に行おうというものである。質問紙調査と統計分析によって、哲学
的に重要な個別事例に関する人々の直観を体系的に明らかにできれば、それに
基づいて、どのような哲学理論が正しいかを明らかにできるはずである。実験
哲学の手法によって得られる直観に関するデータは、哲学者個人の直観よりも、
哲学理論を評価する上で重要な証拠となるはずだというのがこの立場の考え方
である。ジョシュア・アレグザンダーら（Alexander, Mallon, and Weinberg 2010）
にならって、このようなプロジェクトを、「肯定的プログラム（the positive pro-
gram）」と呼ぶことにしよう。

　第４章で取り上げる自由意志に関する実験哲学研究（Nahmias et al. 2005;
Nichols and Knobe 2007）は、肯定的プログラムに属する研究の典型である。現
代哲学における自由意志の中心問題は、因果的決定論と自由意志は両立可能か
どうかである。両者が両立不可能であり、かつ、因果的決定論が現在われわれ
が受け入れている自然科学的世界観の一部だとすれば、われわれは自由意志を
持たないことになる。そしてわれわれが自由意志を持たないとすれば、悪いこ
とをした人を非難したり、その人に刑罰を科したりすることができなくなるよ
うに思われる。ここで問題となるのは、われわれの自由意志概念はどのような

13）　Sytsma and Livengood（2016）は、このようなタイプの実験哲学研究を証拠的なアプローチ
　　（evidential approach）と呼んでいる。

ものであるのか、具体的には、そこには因果的決定論と両立不可能な要素が含まれるのかどうかである。これは、まさに実験哲学的な手法によって解明すべきことにほかならないように思われる。第4章で紹介する一連の研究では、さまざまな質問紙調査を用いて、自由意志に関する人々の直観を明らかにすることが実際に試みられている。

哲学としての実験哲学②——否定的プログラム

しかし、実験哲学研究は、肯定的プログラムの支持者が期待するような仕方では、伝統的な哲学的問題の解決をもたらさないかもしれない。前節でも簡単に見たように、個別事例に関するわれわれの直観は、文化を超えて普遍的なものではないかもしれないし、常に安定したものでもないかもしれないからである。実験哲学研究の結果、これらのことが明らかになれば、事例の方法に依拠した従来の哲学研究そのものの妥当性に疑いが生じることになる。ここでは、実験哲学研究は、特定の哲学理論を確証したり反証したりすることに用いられるのではなく、事例の方法自体を批判するために用いられることになる。これが、哲学としての実験哲学の二番目のプロジェクトが意図することである。アレグザンダーらにならって、これを「否定的プログラム（the negative program）」と呼ぶことにしよう[14]。

実は、初期の実験哲学研究で中心的な役割を果たしてきたスティッチを中心とするグループの研究の多くは、この否定的プログラムに属する研究である。第3章で詳しく紹介する固有名の指示に関する実験哲学研究（Machery et al. 2004）は、その一例である。「スティーヴン・スティッチ」のような固有名は、特定の人物を指すために用いられる。では、固有名の指示対象はどのようにして決まるのだろうか。伝統的に有力な見解は、定義のようなものを介して、というものだった。しかし、ソール・クリプキは、架空の事例に関する思考実験を用いてこれを批判し、新たな理論として指示の因果歴史説を提唱した。現代の言語哲学においては、クリプキの立場は広く受け入れられてきた。ところが、エドゥアール・マシェリーらは、西洋人と東アジア人で、クリプキが用いた事

---

14) それぞれのプログラムの意図を考えるならば、肯定的プログラムと否定的プログラムは、それぞれ建設的プログラムと破壊的プログラムと呼ぶのが自然かもしれない。

例に関する直観が異なることを明らかにしたのである。

　このような研究が明らかにすることは、直観の多様性である。前節で引用したジャクソンの言葉にもあったように、事例の方法を用いる哲学者は、これまで、自らの直観が一般化できることを暗黙の前提としてきた。しかし、マシェリーらの実験哲学研究は、この前提が無条件に成り立つものではないことを示唆している。これが事実だとすれば、指示とは何かは文化によって異なるということになるか、あるいは、個別事例に関する直観を通じて指示の本質を解明するという戦略は有望ではないということになる。いずれにせよ、事例の方法に依拠したこれまでの哲学研究は、根本的な再考を迫られることになるのである。

　否定的プログラムを支持する実験哲学者が注目するもう１つの事実は、個別事例に関するわれわれの直観が、その問題とは無関係である（べき）と考えられるさまざまな要因の影響を受けるということである。たとえば、ステイシー・スウェインらの研究（Swain, Alexander, and Weinberg 2008）によれば、前節で紹介した温度についての事例を、異なる事例（知識の事例と明らかに言える事例または明らかに言えない事例）の後で提示した場合と、単独で提示した場合では、実験参加者の回答に差が見られた。提示されている事例は同一である以上、それがどのような事例の後で提示されたとしても、回答は一定であるべきだと思われる。そうでないという実験結果からは、この事例に関する直観の信頼性に疑問が生じるのである。

　このようなタイプの研究結果から得られる直接的な帰結は、直観の中には非本質的な要因の影響を受けたものもあるので、哲学的な理論構築に直観を使用する際には、使用する直観には一定の制限が必要だということである。このような理由から、否定的プログラムは、事例の方法に依拠した従来の哲学方法論に対して、「制限主義者の挑戦（the restrictionist challenge）」を投げかけると言われることがある。しかし、これまでの社会心理学や行動経済学の研究を踏まえれば、このような影響をもたらす要因は無数にあると考えられ、現状では、われわれはどの直観が信頼できるものであるかを同定できない。そうだとすれば、個別事例に関する直観は哲学における理論構築の材料として不適切であるという、より強い結論が導き出されることになるかもしれない。

認知科学としての実験哲学

　さて、個別事例に関する直観を対象とする実験哲学研究の中で、哲学としての実験哲学とはやや異なる目的を持つ、認知科学としての実験哲学に目を向けよう。実験哲学研究は、さまざまな個別事例に関するわれわれの直観がどのように変化するか、そしてそこにはどのような要因が関係するかに関して、体系的なデータを与えてくれる。このデータを用いることで、われわれの直観がどのような心のメカニズムによって生み出されているのかを解明できるように思われる。このような問題に関心を持つ実験哲学者にとっては、個別事例に関する直観が哲学的問題の解決をもたらすかどうかはそれほど重要ではない。彼らの関心は、哲学的問題の解決よりも、人間の心のメカニズムの解明にあるからである。

　認知科学としての実験哲学のさきがけとなったのは、本書第 5 章で取り上げるジョシュア・ノーブ（Knobe 2003）による意図的行為と規範的判断の関係をめぐる研究である。ある人がよいことまたは悪いことをしたとき、われわれは、それが意図的であるかどうかに応じて異なる評価をする。意図的に悪いことをしたときには、意図的でなく悪いことをしたときよりも、それを強く非難する。よいことをしたときの賞賛についても同様である。われわれは、まず行為が意図的かどうかを評価し、それに基づいて、それを賞賛したり非難したりするのだと考えられる。しかしノーブは、一連の質問紙調査を通じて、われわれの心のメカニズムがそのような順番になっていないことを明らかにしたのである。

　哲学としての実験哲学の肯定的プログラム、否定的プログラム、そして認知科学としての実験哲学は、現在の実験哲学研究における 3 つの主要なプログラムである。ただし、これらは相互に排他的なものではないという点に注意が必要である。実際、実験哲学研究の中には、複数のプログラムにまたがるものも数多くある。たとえば、第 6 章で取り上げるジョシュア・グリーンの研究（Greene et al. 2001）は、道徳的な問題について考える際の脳の働きを fMRI を用いて計測したり、さまざまな問題に回答するときの反応時間の違いを計測したりすることで、道徳的な問題を考える際の心のメカニズムを明らかにしようとしたものである。これは認知科学としての実験哲学に属する研究と言えるが、グリーンはさらに、この研究結果の哲学的な検討に基づいて、規範倫理学理論

としては義務論よりも功利主義が適切であると主張する。つまり、グリーンは、認知科学としての実験哲学の研究成果を、肯定的プログラムに利用しているのである。

その他の研究の可能性

さて、これまでに紹介した実験哲学研究の多くは、個別事例に関する直観を対象とするものであった。しかし、実験哲学を、経験的手法を用いた哲学的問題の探究として広く理解すれば、そこにはほかにもさまざまな可能性が存在する。最後に、その他の研究も紹介しておこう。

実験哲学研究の多くは質問紙調査によるものである。しかし、社会心理学研究や行動経済学研究を見れば、人間の実際の行動もまた、重要な研究対象となるはずである。実験哲学研究には、そのような行動観察に依拠した研究もすでに存在する。たとえばエリック・シュヴィッツゲーベル（Schwitzgebel 2009; Schwitzgebel and Rust 2014）は、倫理学を専門とする哲学者の行動はそれ以外の人々よりも道徳的であるという仮説が正しいかどうかを確かめるために、さまざまな方法で両者の行動を比較した。たとえば、大学図書館における図書の貸し出し記録を分析して、倫理学研究書はそれ以外の研究書よりも未返却率が高いということや、倫理学を専門とする哲学教員は、その他の教員と比較して、面談を依頼する学生からのメールへの返信率が低いということを明らかにした。これらの行動データは、上の仮説は疑わしいことを示唆している。

実験哲学者は、自らの関心に応じて、質問紙調査や行動観察以外にも、さまざまな研究手法を用いることができる。fMRIを用いたグリーンの研究はその一例である。そのほかにも、意識の問題を考える上では、さまざまな知覚心理学実験が重要なデータをもたらすだろう。言語哲学の問題を考える上では、実際の言語使用に関する大規模なコーパスが重要なデータとなるかもしれない。このように、広い意味での実験哲学は、哲学に関するより一般的なアプローチである自然主義や経験主義につながるものと言えるだろう。このような点も含めて、実験哲学の将来的な可能性に関しては、本書の最終章であらためて検討することにしよう。

　さて、一般的な話はこのくらいにして、次章からはさっそく具体的な実験哲学研究に目を向けることにしよう。

文献案内

　日本語で読める実験哲学の研究書はないが、つぎの 2 つの論文は、実験哲学について本書よりもコンパクトに概観したものである。

- 鈴木真（2010）「実験哲学の展望」『中部哲学会年報』43 号，99-112.
- 笠木雅史（2015）「実験哲学からの挑戦」『Contemporary and Applied Philosophy』第 7 号，20-65.

　英語で書かれた総説としては、下記のノーブらによる総説論文や、オンラインの哲学事典 Stanford Encyclopedia of Philosophy（http://plato.stanford.edu）の項目 "Experimental Philosophy" や関連項目が手頃である。

- Knobe, J., Buckwalter, W., Nichols, S., Robbins, P., Sarkissian, H., and Sommers, T.（2012）Experimental Philosophy. *Annual Review of Psychology*, 63: 81-99.

　英語ではつぎの 3 冊の概説書が書かれている。2 冊目の後半部分には、質問紙調査や統計分析の手法に関する解説もある。

- Alexander, J.（2012）*Experimental Philosophy: An Introduction*. Cambridge: Polity.
- Sytsma, J., and Livengood, J.（2016）*The Theory and Practice of Experimental Philosophy*. Peterborough: Broadview.
- Mukerji, N.（2019）*Experimental Philosophy: A Critical Study*. London: Rowman and Littlefield.

哲学の各分野における実験哲学研究の現状については、つぎの本が包括的な概観を与えてくれる。

- Sytsma, J., and Buckwalter, W.（2016）*A Companion to Experimental Philosophy*. Hoboken: Wiley.

初期の重要な実験哲学研究のいくつかは、つぎの論文集に収録されている。

- Knobe, J., and Nichols, S.（2008）*Experimental Philosophy*. New York: Oxford University Press.
- Knobe, J., and Nichols, S.（2014）*Experimental Philosophy, Volume 2*. New York: Oxford University Press.

近年の研究は、以下の論文集にまとめられている。

- Beebe, J.（ed.）（2014）*Advances in Experimental Epistemology*. London: Bloomsbury.
- Lombrozo, T., Knobe, J., and Nichols, S.（eds.）（2014）*Oxford Studies in Experimental Philosophy, Volume 1*. Oxford: Oxford University Press.
- Lombrozo, T., Knobe, J., and Nichols, S.（eds.）（2018）*Oxford Studies in Experimental Philosophy, Volume 2*. Oxford: Oxford University Press.
- Machery, E., and O'Neill, E.（eds.）（2014）*Current Controversies in Experimental Philosophy*. New York: Routledge.
- Nado. J.（ed.）（2016）*Advances in Experimental Philosophy and Philosophical Methodology*. London: Bloomsbury.
- Sarkissian, H., and Wright, J.（eds.）（2014）*Advances in Experimental Moral Psychology*. London: Bloomsbury.
- Sytsma, J.（ed.）（2014）*Advances in Experimental Philosophy of Mind*. London: Bloomsbury.

　オンラインの哲学論文データベース PhilPapers（http://philpapers.org）の "Experimental Philosophy" セクションには、実験哲学の論文が網羅されており、内容も日々アップデートされている。特定のトピックに関する先行研究を確認したいときは、ここを参照するのがよいだろう。

　現在の実験哲学研究の多くは社会心理学を中心とした心理学の手法を用いている。心理学研究法や統計分析の手法についての教科書としては、以下の本が手頃である。読者が大学生や大学院生ならば、心理学研究法や統計学の授業を受講するのもよい方法だろう。

- 吉田寿夫『本当にわかりやすいごく大切なことが書いてあるごく初歩の統計の本』北大路書房，1998 年
- 森敏昭・吉田寿夫編著『心理学のためのデータ解析テクニカルブック』北大路書房，1990 年
- 南風原朝和『心理統計学の基礎──統合的理解のために』有斐閣，2002 年
- 高野陽太郎・岡隆編『心理学研究法 補訂版』有斐閣，2017 年

参照文献

Alexander, J., Mallon, R., and Weinberg, J. (2010) Accentuate the Negative. *Review of Philosophy and Psychology*, 1 (2): 297-314.

DePaul, M., and Ramsey, W. (1998) *Rethinking Intuition: The Psychology of Intuition and Its Role in Philosophical Inquiry*. Lanham: Rowman and Littlefield.

Greene, J., Sommerville, R., Nystrom, L., Darley, J., and Cohen, J. (2001) An fMRI Investigation of Emotional Engagement in Moral Judgment. *Science*, 293: 2105-2108.

Jackson, F. (1998) *From Metaphysics to Ethics: A Defence of Conceptual Analysis*. Oxford: Oxford University Press.

Kahneman, D. (2011) *Thinking, Fast and Slow*. New York: Farrar, Straus and Giroux.（ダニエル・カーネマン『ファスト＆スロー──あなたの意思はどのように決まるか（上）・（下）』村井章子訳，ハヤカワ・ノンフィクション文庫，2014 年）

Knobe, J. (2003) Intentional Action in Folk Psychology: An Experimental Investigation. *Philosophical Psychology*, 16: 309-323.

Machery, E., Mallon, R., Nichols, S., and Stich, S. (2004) Semantics, Cross-Cultural

Style. *Cognition*, 92; B1–B12.

Nahmias, E., Morris, S., Nadelhoffer, T., and Turner, J. (2005) Surveying Freedom: Folk Intuitions About Free Will and Moral Responsibility. *Philosophical Psychology*, 18(5): 561–584.

Nichols, S., and Knobe, J. (2007) Moral Responsibility and Determinism: The Cognitive Science of Folk Intuitions. *Noûs*, 41: 663–685.

Nisbett, R. (2003) *The Geography of Thought: How Asians and Westerners Think Differently*. New York: The Free Press.（リチャード・ニスベット『木を見る西洋人　森を見る東洋人――思考の違いはいかにして生まれるか』村本由紀子訳，ダイヤモンド社，2004 年）

Pust, J. (2000) *Intuitions as Evidence*. New York: Garland Publishing.

Schwitzgebel, E. (2009) Do Ethicists Steal More Books? *Philosophical Psychology*, 22(6): 711–725.

Schwitzgebel, E., and Rust, J. (2014) The Moral Behavior of Ethics Professors: Relationships among Self-Reported Behavior, Expressed Normative Attitude, and Directly Observed Behavior. *Philosophical Psychology*, 27(3): 293–327.

Stich, S., and Tobia, K. (2016) Experimental Philosophy and the Philosophical Tradition. In Sytsma and Buckwalter (2016).

Swain, S., Alexander, J., and Weinberg, J. (2008) The Instability of Philosophical Intuitions: Running Hot and Cold on Truetemp. *Philosophy and Phenomenological Research*, 76(1): 138–155.

Sytsma, J., and Buckwalter, W. (2016) *A Companion to Experimental Philosophy*. Hoboken: Wiley.

Sytsma, J., and Livengood, J. (2016) *The Theory and Practice of Experimental Philosophy*. Peterborough: Broadview.

Weinberg, J., Nichols, S., and Stich, S. (2001) Normativity and Epistemic Intuitions. *Philosophical Topics*, 19: 429–460.

バジーニ，ジュリアン（2012）『100 の思考実験――あなたはどこまで考えられるか』向井和美訳，紀伊國屋書店.

第2章 | 知識の実験哲学

笠木雅史

2.1　実験哲学の開始とその後の展開

　現在「実験哲学」と呼ばれる分野の公式の開始宣言として、ジョナサン・ワインバーグ、ショーン・ニコルズ、スティーヴン・スティッチによる 2001 年の論文（Weinberg et al. 2001）を挙げることに、異論はほとんどないと思われる[1]。ワインバーグらの研究は、認識論で従来議論されてきた多くの事例についての直観的判断を実験によって調査し、その結果から伝統的認識論の方法論への批判（否定的プログラム）を提示するものであった。彼らがとりわけ批判対象としたのは、「ゲティアの古典的論文への応答として生じた多くの研究のほぼ全体」（ibid., p. 434）である。このため、エドマンド・ゲティアの論文（Gettier 1963）と関連づけられる事例（いわゆるゲティア型事例）についても、実験が行われた。

　ワインバーグらの実験の結果は、認識論で長年議論されてきたゲティア型事例についての直観的判断に文化差が存在することを示唆し、大きな反響を呼ん

---

1)　ここでは、質問紙調査を含む心理学・認知科学の方法を用いて、哲学的な事柄についての直観的判断を調査する分野として、実験哲学を限定的に理解している。もちろん、実験哲学の内実をより広く、「哲学的議論に貢献することを目的として試みられる経験的研究」（Stich and Tobia 2016, p. 5）などと定義するならば、その開始は哲学の開始と同程度に古いものになるはずである（狭義、広義の実験哲学の相違については、Sytsma（2017）, Sytsma and Livengood（2016, Ch. 1）に詳しい）。本章では狭義の実験哲学の公的な開始を Weinberg et al.（2001）とするが、先行者としてアルネ・ネス（Arne Næss）により 1930 年代に開始された実験意味論（experimental semantics）の試みを挙げることもできる。実験意味論についての概説としては、たとえば、Murphy（2015）がある。

だ。しかし、この実験結果は再現性を持たないということが、実験哲学のその後の展開において繰り返し報告されている。そのため、彼らの研究は、実験哲学を牽引したと同時に、実験哲学で最も毀誉褒貶の激しい研究でもある。

　しかし、ゲティア型事例についての実験哲学は、依然として実験哲学の展開とその意義を知るために有益である。まず、ゲティア型事例についての研究は、現在の実験哲学でも広く行われており、そうした研究に依拠することで、ワインバーグらの意図していた伝統的認識論への方法論的批判を行うことは依然として可能である。また、これらの研究は、たんに否定的プログラムとしてではなく、ゲティア型事例についての直観的判断を生み出す要因を探究するより積極的な試みとしても展開されている。

　このような理由から、本章では、ゲティア型事例についての実験哲学の展開をまとめることにする[2]。まず、2.2節では、ゲティアの論文の内容とそれが主導した認識論の研究の方向について簡略に解説し、2.3節では、ワインバーグらの研究とそれに対する批判について記述する。つぎに、2.4節では、ゲティア型事例についての直観的判断を生み出す要因を分析する近年の研究を紹介する。最後に2.5節では、ゲティア型事例についての実験哲学が伝統的認識論に対して持つ意義についてまとめる。

2.2　知識の分析とゲティア問題

知識の JTB 分析

　ゲティアが1963年に発表した「正当化された真なる信念は知識か」と題された論文（Gettier 1963）は、わずか3ページにも満たない長さでありながら、その後の認識論の展開において中心的な役割を果たした。この論文の目的は、「知識の JTB 分析」と呼ばれる知識の分析が、知識の十分条件を与えていないと示すことである。

　JTB 分析によれば、認識主体 S が命題 P を知っているための必要十分条件は、(1) P が真である（真実（truth）条件）、(2) S が P と信じている（信念（be-

---

2)　ゲティア型事例についての実験哲学の展開を概説したものとして、Blouw et al. (2017), Turri (2016; 2019) がある。本章の執筆にあたり、これらの概説を参考にした。

lief）条件）、(3) P と信じることが S にとって正当化される（正当化（justification）条件）、という 3 つの条件である。ゲティアは、この JTB 分析は古くはプラトンの著作に見出せるほか、彼と同時代のアルフレッド・J・エイヤーとロデリック・チザムの著作でも支持されていると述べる[3]。

　ゲティアは、JTB 分析を支持した場合でも、(2)信念条件と(3)正当化条件を具体的にどのようなものとするかに関しては、さまざまな可能性があると考えていたようである。たとえば、(3)正当化条件について、ゲティアの引用するエイヤーとチザムは、「S が P は真だと確信する権利を持っている」（Ayer 1956, p. 34）、「S が P を支持する十分な証拠を持っている」（Chisholm 1957, p. 16）と、それぞれ異なる形で定式化している（エイヤーはまた、確信する権利を持つという条件を満たすにはさまざまな仕方があると明示的に述べている）。

　注意しておきたいのは、ゲティアが(3)正当化条件を可謬主義の表明と見なしていたということである。可謬主義はさまざまな形をとるが、ゲティアの考えは具体的には以下のようなものである。JTB 分析においては、(1)真実条件が知識の必要条件であるため、知識の内容となる命題は真でなければならない。しかし、このことを認めても、(3)「P と信じることが S にとって正当化される」という正当化条件を満たす命題が、真でなければならないということにはならない。ゲティアの考える可謬主義は、偽である命題についても S は適切な認識的関係＝正当化を持つことを許容する立場である（たとえば、上記のチザムの定式化を採用するとして、証拠が十分であっても、それが支持する命題は偽である可能性を認めるのが可謬主義であり、その可能性を認めないのが不可謬主義である）。したがって、可謬主義が正しい限りで、JTB 分析は以下の可能性を許容するはずだとゲティアは想定する。

　　正当化可謬主義：P が偽であっても、P と信じることが S にとって正当化されることは可能である。

3）　ゲティア自身はそう述べていないが、JTB 分析はその後、プラトン以降 20 世紀までの認識論の伝統における標準的な知識観であったと見なされるようになった。このような認識史の理解に対する批判として、Antognazza (2015), Dutant (2015), Le Morvan (2017) がある。

演繹的推論は、既存の知識から新しい知識を獲得する手段である。JTB分析の枠内では、この点は、正当化される命題の範囲が演繹的推論を通じて拡大することとして理解される。このため、ゲティアはつぎに、JTB分析は以下の原理と整合的であると想定する。

正当化閉包原理：もしPと信じることがSにとって正当化されており、PがQを論理的に含意するとき、Pからの演繹的推論の結果としてSがQを信じるならば、Qと信じることはSにとって正当化される。

正当化可謬主義と正当化閉包原理が正しいならば、正当化されているが偽である命題Pから真である命題QをSが演繹し、その結果Qを信じるとき、Qと信じることはSにとって正当化される。このとき、JTB分析の知識の3条件はすべて満たされるため、JTB分析によれば、SはQと知っているということになる。

JTB分析の十分条件への反例──ゲティア事例
このように、JTB分析、正当化可謬主義、正当化閉包原理からは、偽であるが正当化された命題Pからの演繹の結果信じられている真である命題QをSは知っているという帰結が生じる。しかし、このような状況下で、SはQと知っているわけではないと、ゲティアは2つの事例に訴えることで示そうとする。ここでは、そのうち最初のものだけを紹介しておく。

スミス事例
スミスはある会社の求人に応募中であるが、ジョーンズが採用されることになるとその会社の社長から聞いた。さらにスミスは、ジョーンズがポケットの中の硬貨の数を調べ、10枚だと数えるのを見ていた。このため、ジョーンズが採用され、かつジョーンズはポケットに10枚の硬貨を持っているという連言命題を支持する十分な証拠をスミスは持っている。この命題からの演繹的推論によって、採用される男はポケットに10枚の硬貨を持っているとスミスは信じるようになる。しかし、じつのところ、ジョーンズではなく

スミスが採用されることが決定しており、しかも自分では気づいていないが、スミスのポケットには、10 枚の硬貨が入っている。

　ジョーンズが採用され、かつジョーンズはポケットに 10 枚の硬貨を持っているという偽であるが正当化された連言命題からの演繹的推論によって、採用される男はポケットに 10 枚の硬貨を持っているという真である信念をスミスは形成した。正当化閉包原理により、この真である信念は正当化されている。したがって、JTB 分析によれば、この信念は知識となるはずである。しかし、採用される男がポケットに 10 枚の硬貨を持っているとスミスが知っているわけではないということは明らかだと、ゲティアは述べる。この判断が正しければ、スミス事例において、スミスは正当化された真なる信念を持っているが、知識を持っていない。したがって、スミス事例は JTB 分析が与える知識の十分条件に対する反例となる。

　JTB 分析が与える知識の十分条件への反例としてゲティアが提示した 2 つの事例は、「ゲティア事例」と呼ばれる。ゲティア事例を真正の反例と認めつつ、知識の必要十分条件を特定するという認識論の試みを継続するならば、最も直接的な対応は、JTB 分析の与える 3 つの条件に加え、ゲティア事例では満たされない条件を、知識の 4 番目の必要条件として追加することである。事実、マイケル・クラークは、ゲティア事例への最初期の応答論文において、(4) S が P という信念を形成する際に依拠する推論の前提のすべてが真である、という追加条件を提示した（Clark 1963）。この追加条件を JTB 分析に組み込んだ知識の分析は、「偽補題不在分析（no-false-lemmas analysis）」と呼ばれる。スミス事例において、採用される男はポケットに 10 枚の硬貨を持っているという信念を形成するためにスミスが用いた推論は、ジョーンズが採用されるという偽である前提を少なくとも 1 つ含んでいる。したがって、条件(4)がスミス事例においては満たされていないため、この事例で知識が成立しないことを偽補題不在分析は説明することができる。

新たな条件へのさらなる反例──ゲティア型事例
　偽補題不在分析は、このように JTB 分析に対するゲティア反例にうまく対

処できるように見える。しかしながら、条件(4)を満たしながらも知識の事例とは判断されないような反例が存在すると、他の認識論者がただちに指摘した。そうした事例を指摘した認識論者は、もちろん同時に、条件(4)にさらなる条件を追加したり、条件(4)を（また条件(3)についても）新しい条件と入れ替えることによって、知識の必要十分条件を特定しようと試みた。しかし、その新しい条件を満たしてもなお知識の事例とは判断されないような反例の存在が、そのたびに指摘されることとなった。

　これまでに提示されたそのような反例は、さまざまな点で異なっているが、JTB分析の与える3条件を満たしながらも知識の事例とは判断されにくいという点が少なくとも共通している。これらの事例の総称として、しばしば「ゲティア型事例（Gettier-type cases; Gettier-like cases）」という名称が用いられる[4]。ゲティアの論文に由来する「ゲティア問題」とは、可能なゲティア型事例のすべてを回避することのできる、知識の必要十分条件を特定することの困難さを意味している[5]。

2.3　ゲティア型事例についての文化比較研究

ワインバーグらによる直観的判断についての文化差の報告

　2.1節で述べたように、実験哲学の端緒となったワインバーグらの論文（Weinberg et al. 2001）が報告した実験のうちには、特定のゲティア型事例についての直観的判断が文化間で異なるかどうかを検証する実験が含まれていた。この実験で用いられたゲティア型事例は、クラークが自分の偽補題不在分析の正しさを立証するために提示した事例を簡略化したものであり、類似する事例は認識論においてしばしば議論されてきた。ワインバーグらが用いた事例は、以下のようなものである。

---

4)　ゲティア事例とゲティア型事例を区別せず、どちらかの名称のみを使用する論者も存在する。

5)　ゲティア問題への応答の歴史については、Shope (1983), Turri (2012) などを参照のこと。ゲティア問題に関する議論で提起されたさまざまな問題や見解について理解するには、Borges et al. (2017) や Hetherington (2019) 所収の諸論文が有益である。

ボブ事例

　ボブの友人ジルは、長年ビュイック製の車を使用していた。したがって、ジルはアメリカ車を使用していると、ボブは信じている。しかし、ボブは気づいていないが、ジルのビュイック製の車は最近盗難にあい、ジルは代わりに異なる種類のアメリカ車であるポンティアック製の車を入手していた。ジルがアメリカ車を使用しているとボブは本当に知っているのだろうか、それともたんに信じているだけだろうか。

　ワインバーグらは、ボブ事例についての直観的判断に関する文化差の検証のために2つの実験を行った。第一の実験は、西洋文化圏と東アジア文化圏の間の相違を検証することを目的としており、文化的アイデンティティに関するテストによって、参加希望者であるアメリカのある大学の学生が、西洋文化圏と東アジア文化圏（中国、韓国、日本からの移民第一・第二世代）のどちらに属するのかを分類した上で行われた。第二の実験は、参加希望者である同大学の学生が、西洋文化圏と南アジア文化圏（インド、パキスタン、バングラデシュからの移民とその子孫）のどちらに属するのかを分類した上で行われた。これらの参加者は、ボブ事例を提示され、「ジルがアメリカ車を使用しているとボブは本当に知っているのか、それともたんに信じているだけか」を2件法で選択した。実験結果は、西洋文化圏に属する参加者（N＝66）の74％が「ボブはたんに信じているだけである」という選択肢を選んだのに対し、東アジア文化圏に属する参加者（N＝23）の57％、南アジア文化圏に属する参加者（N＝23）の61％が「ボブは本当に知っている」という選択肢を選んだ。つまり、この実験では、東アジア文化圏の人々も南アジア文化圏の人々も、西洋文化圏の人々と異なり、ゲティア型事例においても知識が成立しているとする直観的判断を持つ傾向があるという結果が得られたのである。

　ゲティア型事例として提示された多くの事例の中には、あまりにも複雑な設定を持っているため明確な判断が難しい事例や、知識の事例であると提示者が判断しても、その判断が他の人に共有されにくいような事例も存在する。しかし、ボブ事例は、典型的なゲティア型事例として、ゲティア問題についての議論では頻繁に引き合いに出されてきたものである。それゆえ、ワインバーグら

の実験結果は多くの認識論者を驚かせた。

文化差に基づく伝統的認識論の方法論への批判

　ワインバーグらの研究が注目を集めたのは、従来の認識論者の見解と異なる実験結果を報告したことに加え、彼らがこの結果をもとに、伝統的認識論の方法論を批判する実験哲学の否定的プログラムを提唱したためである。ワインバーグらの理解する伝統的認識論の方法とは、事例についての直観的判断と合致するように一般的な理論を構築するという反省的均衡法のことである。反省的均衡法についての標準的な考え方によれば、直観的判断を多く取り込むことができるほど、その理論は正当化される。しかし、知識についての直観的判断が複数の集団間で体系的に相違する場合、どの理論が正当化されるのかが反省的均衡法のみでは決定できないことになる。かなり簡略化したが、これがワインバーグらが提唱した伝統的認識論に対する否定的プログラムの内実である[6]。

　ワインバーグらは、伝統的認識論はこの方法論的問題を回避できないため、反省的均衡法ではなく経験的方法を取り入れる自然主義や、実践における知識判断の役割に着目して理論構築を行うプラグマティズムを方法論として採用すべきだという方向転換を推奨する（Alexander and Weinberg 2007）。しかしもちろん、伝統的な方法論を維持したい認識論者たちは、ワインバーグらの否定的プログラムに対する反論を行うことで、彼らの批判を回避しようと試みた。

　実験哲学の否定的プログラムに対する反論は、(a)その主張の根拠となる実験自体を批判する、(b)その実験結果が伝統的哲学の方法論に重大な帰結を持つという議論を批判する、という2つの方向に大別される。さらに、(a)実験自体の批判は、(a-1) 実験の妥当性についての批判、(a-2) 実験の信頼性についての批判に区別することができる。以下、ワインバーグらの実験自体について提起された(a)路線の批判に焦点をしぼって紹介する[7]。

---

6)　ワインバーグらが提示した伝統的認識論への批判について、より詳しくは、Weinberg et al.（2001, pp. 432-434）を参照のこと。

7)　否定的プログラム一般についての (b) 路線の批判とその議論については、本書第9章で紹介される。また、Mukerji（2019, Ch. 4）, Sytsma and Livengood（2016, Ch. 4）, Williamson（2016）などの近年の概説も参照のこと。

ワインバーグらの実験の妥当性についての批判――選択肢の不適切性

初めに紹介するのは、ワインバーグらの実験は、それが測定しようとする種類の直観的判断を測定するように適切にデザインされていないという、(a-1) 実験の妥当性についての批判である。まず、アーネスト・ソウザは、ワインバーグらの実験では 2 件法が用いられ、参加者たちが「本当に知っている」か「たんに信じている」のいずれか 1 つを必ず選ばなければならないという点を問題視する (Sosa 2007)。ソウザは、参加者が明確な直観を持っていないという可能性に言及し、もし「本当に知っているかたんに信じているだけかを判別するための十分な記述を与えられていない」という選択肢があれば、多くの参加者はそれを選んだのではないかと予想している。

また、ソウザは他の論文 (Sosa 2017) でも、ゲティア型事例についての「S が P と知っているか」という質問は、「JTB 分析の与える 3 つの条件を満たす S が、P と知っているか」というたんに知識の成立をたずねているものとしても理解可能であるが、「JTB 分析の与える 3 つの条件を満たす S が、その事実ゆえに P と知っているか」や「JTB 分析の与える 3 つの条件を満たす S が、その事実ではなく何らかの他の事実ゆえに P と知っているか」といった異なる説明関係をたずねているものとしても理解可能であるとして、参加者が質問を確定的に解釈する難しさを指摘する。ソウザのこれらの指摘が示唆するのは、ワインバーグらの実験は、同一の種類の直観的判断を測定するように適切にデザインされていないという可能性である。

サイモン・カレンも同様に、ワインバーグらの実験で用いられた選択肢の妥当性を疑問視する (Cullen 2010)。カレンの指摘によると、ワインバーグらの実験では選択肢が、「知っている」、「知らない」という対照的なものとなっておらず、「本当に知っている」、「たんに信じている」と不均衡なものとなっている。ボブは知っていると参加者が判断する場合であっても、「本当に知っている」というそれ以上を求めるように見える選択肢を回避し、他方の「たんに信じている」という選択肢を選ぶかもしれない。

カレンはこの疑念を検証するために、つぎのような実験を行った（ワインバーグらが行った一連の実験の再現性を確かめる目的でカレンは多くの実験を行っており、これはその一環である）。この実験は、参加者（インターネットのアンケートサイト

を通じて集められた北米在住の高校生を中心とする集団）に多くの事例についてさまざまな条件下で判断するように求めるものである。この中には、ボブ事例について、ワインバーグらの実験と同様に「本当に知っている」、「たんに信じているだけである」という選択肢から選ぶ条件と、「知っている」、「知らない」という選択肢から選ぶ条件の両方が含められた。前者の条件下では、ワインバーグらの実験結果が再現され、参加者（N＝233）の71％が「たんに信じている」を選択したのに対し、後者の条件下では、より低い58％が「知らない」を選択した。ワインバーグらの実験では、事例や選択肢をどのように理解すべきかについて十分な説明が与えられず、それを推定できるだけの語用論的な手がかりもほとんど存在しない。カレンによれば、不必要な「本当に」という副詞を「知っている」に追加することで、実験者が意図していないことを参加者が選択肢に読み込んでしまうことを、この実験結果は示唆している。したがって、ワインバーグらの実験デザインは、同一の種類の直観的判断のみを測定できるようになっておらず、不適切であるとカレンは結論する[8]。

ワインバーグらの実験の信頼性についての批判——直観的判断の普遍性

このように、（a-1）実験の妥当性についての批判は、ワインバーグらの実験はボブ事例についての特定の種類の直観的判断を測定するものになっていないと指摘するものであった。この路線の批判が正しければ、文化の異なる集団から異なる実験結果が得られたとしても、それが同一の種類の直観的判断の相違に由来すると言うことは難しくなる。これに対し、（a-2）実験の信頼性についての批判は、仮にワインバーグらの実験が適切な種類の直観的判断を測定するようにデザインされていたとしても、その実験結果には安定性や再現性がなく、参加者の母集団である社会集団全体がその直観的判断を持つ傾向があるとは言えないというものである。

実験の信頼性という点に関して、ワインバーグらの実験デザインには一見して3つの問題が存在する。第一に、サンプルサイズがきわめて小さいという点

---

8) さらに、Starmans and Friedman（2012, pp. 273-274）は、ワインバーグらの実験ではゲティア型事例が適切な統制事例と対比されておらず、ゲティア型事例に関する直観的判断についての結論を引き出せるものとなっていないと指摘している。

であり、第二に、参加者はアメリカの特定地域在住の大学生であり、移民第一世代だけでなく第三世代までを含むため、サンプルが東アジア文化圏、南アジア文化圏を代表するものと見なすことが難しいという点である。第三に、移民第一世代に対しても母国語ではない英語を用いて実験を行っており、さらに英語に堪能でなければ実験にそもそも参加できないという点でも、サンプルに偏りが存在するという点である[9]。これらの問題点は、ワインバーグらの実験の追試を試みる動機となった。

異なる哲学者によって試みられた追試結果の多くは、ワインバーグらの実験結果は再現可能ではないというものだった。まず、西洋文化圏と東アジア文化圏との文化差については、一貫して再現できなかったという報告がなされている (Kim and Yuan 2015; Nagel et al. 2013a; Seyedsayamdost 2015b)。他方、西洋文化圏と南アジア文化圏との文化差については、再現されたという報告 (Kim and Yuan 2015; Seyedsayamdost 2015b) もあれば、再現されなかったという報告 (Nagel et al. 2013a; Turri 2013) もある。じつのところ、これらの追試の多くも、ワインバーグらのもとの実験同様に、サンプルサイズの小ささと偏りという問題点を共有している。したがって、ゲティア型事例についての直観的判断には文化差が存在するのかという、ワインバーグらがもともと関心を持っていた問題に明確に答えるのは、依然として難しい。

こうした理由から、エドゥアール・マシェリーらの研究グループは、2 度にわたってより大規模な実験を世界各地で行った (Machery et al. 2017a; 2017b)。このうち、Machery et al. (2017b) はアメリカ、インド、ブラジル、日本を対象にするものであり、Machery et al. (2017a) はより大規模に世界の 23 ヵ国を対象とするものである。ここでは後者の実験についてのみ紹介する。

この実験は、23 ヵ国の人々を対象に、17 の言語を用いて行われた大規模なものである（香港を 1 国として計算し、イスラエルではユダヤ人とベドウィンについて異なる実験が行われたため、23 ヵ国 24 箇所で実験は実施された。また、1 国についての実験結果も複数の集団に対して行われたものを総計したものもあれば、そうでないものもある）[10]。質問方法としては Nagel et al. (2013a) の手順を部分的に踏襲

---

9) 第一言語以外を用いる場合、参加者の本来の直観的判断を測定するように実験がデザインされていないという実験の妥当性についての疑念を強めることにもなる。

し、「知っている・知らない」のどちらかを選択する質問と、「知っている・知っていると思っていたが本当は知らない」のどちらかを選択する質問が両方行われた（それぞれの回答は別個に扱われた）。ほかにもさまざまな質問が行われ、特に事例をゲティア型事例として理解しているかを確かめるために、登場人物の信念が正当化されているかどうかをたずねる質問も行われた。参加者は18歳以上に限定され、正当化が成立していないという回答をした参加者も除外されたが、2000人を超える参加者が対象となった（N＝2230，男性46%，年齢18〜88歳（平均31.7歳，SD＝14.2））。

　この実験では、ボブ事例とは異なるゲティア型事例が用いられ、英語で最初に作成された事例と質問が各言語に翻訳され、固有名詞も各言語に適合するように変更された。日本語版の事例と質問は、以下のようなものである[11]。

田中事例

田中一郎は、午後10時になっても妻の良子が仕事から帰ってこないので、心配していました。ふだんならば彼女は午後6時までに帰宅しているのです。彼は妻の携帯電話にかけてみましたが、留守番電話のままでした。妻に何かあったのではないかと心配になりはじめた彼は、地元のいくつかの病院に電話をかけて、「田中良子」という名前の患者がその夜に運び込まれていないか、尋ねてみることにしました。彼が大学病院に連絡したところ、電話にでた人は、そういった名前の人物が病院に運び込まれており、交通事故で重傷を負っているが、生命の危険はないことを教えてくれました。一郎はコートを大急ぎで羽織ると、車をとばして大学病院に駆け込みました。しかし、ふたを開けてみると、大学病院の患者は一郎の妻ではなく、同姓同名の別の女性でした。実は、一郎の妻は、職場を出るときに心臓麻痺を起こし、そのころには数キロ離れた市立病院で治療を受けていたのです。

---

10)　参加者はさまざまな方法で集められ、1つの大学の学生から集められた実験もあれば、オンラインで募集された場合や、調査会社を通じて集められた場合もある（参加者に謝礼が提供された場合とそうでない場合もある）。複数の実験方法が用いられ、オンラインで事例を読んで答える方式を採用した場合もあれば、紙媒体を採用した場合もある。

11)　以下の事例と質問は、実際に日本での実験で用いられたものである（一部の質問は割愛した）。未公開の日本語版をここで公開する許可を頂いた、マシェリー氏に感謝する。

問 2. あなた自身の考えとして、一郎が車をとばして大学病院に駆け込んだ
　　とき、自分の妻が病院にいるかどうかを、彼は知っていたと言えるでしょ
　　うか。
1. はい。彼はそのことを知っていた
2. いいえ。彼はそのことを知らなかった

問 4. あなた自身の考えとして、つぎのふたつの文のどちらのほうが一郎の
　　状況をよりよく記述していると言えるでしょうか。
1. 車をとばして大学病院に駆け込んだとき、一郎は妻が病院にいることを
　知っていた
2. 車をとばして大学病院に駆け込んだとき、一郎は妻が病院にいると自分
　は知っていると思っていたが、実際はそのことを知らなかった

　この大規模な実験の結果が、図 2.1 である。問 2 については、フランス、イ
タリア、レバノン、イラン、イスラエル・ベドウィンの 5 ヵ所では、「知らな
い」という選択肢 2 を選んだ参加者が 50% よりもかなり少ない一方で、ポル
トガル、イギリス、アメリカ、メキシコ、ブラジル、中国、香港、韓国の 8 ヵ
所では、50% を大きく上回った。しかし、問 4 については、イスラエル・ベ
ドウィンを除くすべての箇所で、70〜90% の参加者が「知らない」に相当す
る選択肢 2 を選んだ。イスラエル・ベドウィンについては、追試の必要性を認
める一方で、そのサンプルサイズは全サンプルの中で最小であることもあり、
マシェリーらは、ゲティア型事例では知識が成立していないという直観的判断
が普遍的なものであることを、この結果は示唆していると論じる。
　また、マシェリーらは、問 2 についても問 4 についても、男女間での有意な
相違は検出されなかったと報告する（ただし、年齢については、年齢が上がるごと
に「知らない」という判断を行う確率が高まる傾向があった）[12]。つまり、この大規
模な調査では、ゲティア型事例における知識の不成立という判断に関して、異

12) マシェリーらは 5 つの異なる心理測定尺度によって、参加者の思考傾向やパーソナリティにつ
　いてもデータを収集した。その結果、反省的であるほど、知識が成立していないという判断を行
　う傾向が見出された。

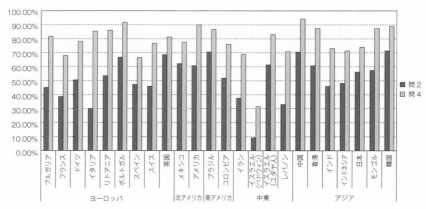

図2.1　世界24ヵ所での実験結果（Machery et al. 2017a, p. 535）
問2、問4それぞれについての「知らない」という判断の割合

なる言語・文化や性別間で基本的に相違が見出されなかった。この結果をもって、この判断が素朴認識論（folk epistemology）の中核部分である可能性が高いと、マシェリーらは示唆している。

　このように、異なる社会集団間ではゲティア型事例についての直観的判断が相違すると報告するワインバーグらの研究から開始された実験哲学は、当初の予想と異なり、むしろゲティア型事例についての直観的判断の社会集団間での一致が確証されるという方向性に向かった。これは、実験哲学研究が経験的な反証可能性を持つということであり、この分野の方法論的健全性を示す証拠であるだろう。

2.4　直観的判断の相違によるゲティア型事例の分類

直観的判断についての哲学者・非哲学者の相違の報告

　ワインバーグらの提案した否定的プログラムは、異なる社会集団間で知識についての直観的判断が相違するということから、伝統的認識論の方法論を批判するものだった。彼らの報告した直観的判断の文化差が存在しなかったとしても、否定的プログラムが成功するためには、認識論者たちが依拠してきた直観的判断と相違する判断を持つ社会集団が存在するということさえ示すことがで

きればよい。たとえば、ゲティア型事例について哲学者と非哲学者が異なる直観的判断を持つという実験結果が得られれば、否定的プログラムを実行することは可能である。そして、特定のゲティア型事例については、実際にそのような報告が存在する。

第一に、アルヴィン・ゴールドマンの論文（Goldman 1976）によって提示された、偽物に囲まれた環境下で、たまたま数少ない本物を目の前にして、真である信念を形成するというタイプのゲティア型事例である（しばしば、「偽の納屋事例」と呼ばれる)[13]。より詳しく述べると、本物そっくりに見えるが偽物の納屋を見る危険性が高い状況下であるにもかかわらず、つまり、自分の見ているものが納屋であるという信念が偽である危険性が高い状況下であるにもかかわらず、その信念が真であるという事例である。多くの哲学者は、偽の納屋事例は他のゲティア型事例と同様に、信念が真だったとしても偶然や幸運によって真である事例であり、知識が成立しているとは判断できないと考えてきた。しかし、いくつかの実験結果によれば、（主にアメリカ在住の）非哲学者は、この事例を知識が成立している事例であると判断する傾向がある（Colaço et al. 2014; Turri 2017）。この実験結果は、哲学者たちとは異なる直観的判断を非哲学者が持っていることを示唆する。

第二に、心理学者であるクリスティナ・スターマンズとオリ・フリードマンは、いくつかの実験に基づき、哲学者たちがこれまでゲティア型事例として扱ってきたものには、少なくとも 2 種類の異なる事例が含まれており、非哲学者はそのうち一方の事例については知識が成立していないという直観的判断を持ち、もう一方については知識が成立しているという直観的判断を持つ傾向があるとする（Starmans and Friedman 2012）。

スターマンズとフリードマンの挙げるゲティア型事例の種類の相違は、認識主体が真である信念を形成するために用いられる証拠がどのようなものかという点にかかわる。これまでに挙げた事例のうち、スミス事例、ボブ事例、田中

---

13) Goldman（1976）の提示した事例は、中身はないのに正面からは本物そっくりに見える納屋の偽物が多く存在する環境下で、たまたま本物の納屋を見て、それが納屋であると信じる事例である。この論文の注記によれば、この事例を最初に着想したのは、ゴールドマンではなく、カール・ギネットであるという。

事例においては、認識主体が信念形成のために用いる証拠の内容とその信念を真にする条件（真理メーカー）とが異なっている。たとえば、スミス事例において、ジョーンズが採用され、かつジョーンズはポケットに 10 枚の硬貨を持っているという連言命題を支持するスミスの証拠は、採用される人物はポケットに 10 枚の硬貨を持っているという信念の真理メーカーではない。この信念を真にするのは、スミスが採用され、かつスミスはポケットに 10 枚の硬貨を持っているという条件だからである。他方、偽の納屋事例においては、認識主体は本物の納屋を見ている。したがって、それが納屋だと信じるための証拠は、この信念の真理メーカーと一致する。

　スターマンズとフリードマンは、前者のように信念の真理メーカーに見えるが実際にはそれとは異なる内容を持つ証拠を「見かけの証拠（apparent evidence）」と呼び、信念の真理メーカーと一致する証拠を「本物の証拠（authentic evidence）」と呼ぶ[14]。スターマンズとフリードマンは、見かけの証拠を認識主体が用いるゲティア型事例では、非哲学者は知識が成立していないという判断を持つ傾向があるが、本物の証拠を用いるゲティア型事例では、知識が成立しているという判断を持つ傾向があるという実験結果を報告している。この実験結果は、先の偽の納屋事例についての実験結果とも整合的であり、特定のタイプのゲティア型事例について非哲学者は哲学者と異なる直観的判断を持つことを示唆している。

　見かけの証拠・本物の証拠という区別は、スターマンズとフリードマンが直接には実験対象としていないゲティア型事例も含めて、非哲学者の直観的判断の相違をうまく説明できるという利点を持っている。この区別は、これまで提示されてきた多くのゲティア型事例について、知識の事例とそうでない事例を分類する一般的な基準となりうるのである。そのため、スターマンズとフリードマンの実験結果は、哲学者の判断が非哲学者と相違するという点を強調する否定的プログラムではなく、ゲティア型事例の分類基準を作成するというより積極的な意義を持つ研究への動機づけを与えるものであると言える。

---

14)　ただし、スターマンズとフリードマン自身の与えている見かけの証拠と本物の証拠の区別は、さほど明確とは言いがたいため、議論が続いている（Nagel et al. 2013a; 2013b; Starmans and Friedman 2013）。ここでは Turri（2016; 2019）の整理に即して、この区別を記述している。

トゥリーらによるゲティア型事例の分類

スターマンズとフリードマンの実験結果を受けて、実際により適切なゲティア型事例の分類基準を作成しようとした研究が、ジョン・トゥリー、ウェズリー・バックウォルター、ピーター・ブロウによる研究（Turri et al. 2015）である。

トゥリーらは、さまざまなゲティア型事例を分析し、それらは主に３つの点において相違すると論じた上で、それらの点を統制した実験を行った。この３点を解説するために、まずは彼らが用いた事例のパターンを表 2.1 に示しておきたい（この記述は簡略化したものであり、実際に実験で用いられた記述はより詳細である）。

第一の相違は、信念形成時点での真理メーカーに対する探知関係の有無であ

表 2.1　５つのゲティア型事例と２つの統制事例（Turri et al. 2015, p. 385）

条　　　件	記　　　　　　　　述
(1) 知識統制	エマが購入した宝石はダイヤモンドである。彼女は店から歩き出て、ほかには何も起こらない。
(2) 脅威失敗	エマが購入した宝石はダイヤモンドである。彼女が店から出る前に、腕の立つ宝石泥棒がそれを彼女のポケットから盗もうと試みるが、失敗する。
(3) 探知＋類似代替	エマが購入した宝石はダイヤモンドである。彼女が店から出る前に、腕の立つ宝石泥棒がそれを彼女のポケットから盗もうと試み、成功する。しかし、エマが店から出る前に、誰かが密かに彼女のポケットに別のダイヤモンドをすべり込ませる。
(4) 探知＋非類似代替	エマが購入した宝石はダイヤモンドである。彼女が店から出る前に、腕の立つ宝石泥棒がそれを彼女のポケットから盗もうと試み、成功する。しかし、エマの祖母がかなり以前に、エマのコートのポケットにダイヤモンドを１つ密かに縫い込んでいた。
(5) 非探知＋類似代替	エマが購入した宝石は偽物である。彼女が店から出る前に、腕の立つ宝石泥棒がそれを彼女のポケットから盗もうと試み、成功する。しかし、エマが店から出る前に、誰かが密かに彼女のポケットに本物のダイヤモンドをすべり込ませる。
(6) 非探知＋非類似代替	エマが購入した宝石は偽物である。彼女が店から出る前に、腕の立つ宝石泥棒がそれを彼女のポケットから盗もうと試み、成功する。しかし、エマの祖母がかなり以前に、エマのコートのポケットにダイヤモンドを１つ密かに縫い込んでいた。
(7) 無知統制	エマが購入した宝石は偽物である。彼女は店から歩き出て、ほかには何も起こらない。

り、認識主体がポケットにダイヤモンドが1つあるという信念を形成する時点で、その信念を真にする真理メーカーを知っているかどうかという点での相違である。上記の7つの事例のうち、(1)から(4)では、エマは自分が購入した本物のダイヤモンドをポケットに入れたことを知っている。この知識に基づいて、エマは同時に、ポケットにダイヤモンドが1つあるという信念を形成する。エマがダイヤモンドを購入し、この信念を形成した時点では、この信念の真理メーカーはまさにエマが購入したダイヤモンドがエマのポケットにあるという条件であるため、エマは真理メーカーを知っている。他方、(5)から(7)では、エマが購入したのは偽物のダイヤモンドであり、エマが信念を形成した時点ではそもそもこの信念は偽であるため真理メーカーが存在せず、エマがそれを知っているということもない。

　第二の相違は、真理メーカーに対する探知関係を毀損する脅威の有無であり、認識主体が信念の真理メーカーを知っているという探知関係を毀損される危険性が高いか、そうした危険性が低いかという点での相違である。(3)、(4)では、信念を形成した時点ではエマはその信念の真理メーカーを知っているが、泥棒がエマの購入したダイヤモンドを盗んだことにより、この真理メーカーはその後成立しなくなる。そのため、エマはその時点では真理メーカーを知っているわけではないということになり、エマと信念の真理メーカーの探知関係が毀損される（しかし、もとの真理メーカーとは異なる代替真理メーカーが与えられる）。(2)では、泥棒の試みは最終的には失敗するが、そうした試みがあったというだけで探知関係を毀損する危険性は高まっており、その脅威は存在する。(1)では、探知関係を毀損する脅威はそもそも存在しない。(5)から(7)では、そもそも信念を形成した段階でエマは信念の真理メーカーを知っているわけではないため、脅威の有無に関係なく、探知関係が最初から成立していない。

　第三の相違は、もとの真理メーカーに対する探知関係を毀損する脅威の有無にかかわらず、代替真理メーカーともとの真理メーカーとの類似性の高低である。(3)、(4)では、エマの信念のもとの真理メーカーは、エマの購入したダイヤモンドが彼女のポケットにあるということである。(3)では、泥棒がこのダイヤモンドを盗むことでこの真理メーカーは成立しなくなるが、別の人が類似するダイヤモンドをエマのポケットに入れることにより、この代替されたダイヤモ

ンドがエマのポケットにあるという条件が、エマの信念の新たな真理メーカーとなる。これらのダイヤモンドは見かけだけでなく、エマのポケットに入れられた時点も類似しているため、もとの真理メーカーと代替真理メーカーは類似性が高い。他方、(4)では、代替真理メーカーとして与えられるのは、エマの祖母がかなり以前にエマのコートのポケットにダイヤモンドを縫いつけたという条件である。この代替真理メーカーは、もとの真理メーカーとの類似性は低い。(5)、(6)では、エマの信念にはもとの真理メーカーが存在しないが、(3)、(4)それぞれに対応する形で、エマがもとの真理メーカーと思っている条件と類似性が高い条件と類似性が低い条件が、途中でそれぞれ真理メーカーとして与えられる。

　トゥリーらは、多くのゲティア型事例の分析から、もとの真理メーカーとの探知関係の有無、真理メーカーとの探知関係への脅威の有無、もとの真理メーカーと代替真理メーカーの類似性の有無という3つの条件が、さまざまなゲティア型事例では異なっていると指摘する。このようなゲティア型事例の整理に基づき、彼らは、これらの3点それぞれの相違を取り込んだ5つの事例と、知識の明確な事例（知識統制条件）、無知の明確な事例（無知統制条件）の計7つの事例について、それぞれの事例についての直観的判断が異なるかを検証する実験を行った。参加者（N＝813）はクラウドソーシングサイトを通じて集められ、ランダムにどれか1つの条件に割り当てられ、「エマは自分のポケットにダイヤモンドが1つあると知っているか」、「たんにそう信じているか」を回答した（質問方法は Nagel et al. (2013a) の手順を踏襲し、2つの関連する質問が行われ、回答は総計された）。

　図2.2はそれぞれの事例についての「知っている」に相当する判断の割合を示している。(1)知識統制条件と(2)脅威失敗条件、(4)探知＋非類似代替条件と(5)非探知＋類似代替条件、(6)非探知＋非類似代替条件と(7)無知統制条件それぞれの間には、有意差が検出されなかった。(1)知識統制条件と(2)脅威失敗条件は大多数の参加者が「知っている」と判断したが、(3)探知＋類似代替条件では、「知っている」という判断にも「たんに信じている」という判断にも明確な偏りは見られなかった。非探知条件、非類似代替条件のいずれかが与えられる(4)探知＋非類似代替条件、(5)非探知＋類似代替条件では、「知っている」という

判断の割合はさらに下がり、両方が与えられる(6)非探知＋非類似代替条件では、(7)無知統制条件と同じく、大多数が「たんに信じている」と判断した。偽の納屋事例は(2)に分類され、スターマンズとフリードマンが調査した本物の証拠の事例が(3)に分類されることから、この実験結果は過去の実験結果とも整合的である。この結果が正しければ、非探知条件が成立するか、探知条件のもとで非類似代替条件が成立することが、ゲティア型事例において知識が成立していないという直観的判断の傾向を生み出す要因であると特定されたことになる。これは、ゲティア型事例についての実験哲学が達成した、大きな積極的成果であると言えるだろう。

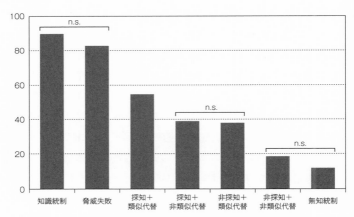

図2.2　7つの事例についての実験結果（Turri et al. 2015, p. 386）
「知っている」に相当する判断の割合。n.s. は有意差が検出されなかったことを示す。

2.5　知識の実験哲学の意義

　ワインバーグらが開始したゲティア型事例についての実験哲学研究は、実験哲学とそれについての議論を活性化した大きな要因であると同時に、その展開を知るのに有益である。ワインバーグらの報告したゲティア型事例についての直観的判断の文化差は、その後再現性が否定されたが、実験哲学における最も大きな実験の1つであるマシェリーらの実験も、その検証の過程で生まれた。ワインバーグらの実験についての批判は、実験の妥当性や信頼性を高めるため

の実験手法の洗練につながったという意味でも、実験哲学という分野を発展させる要因になった。ただし、マシェリーらの実験は大規模であるとはいえ、世界中のあらゆる集団を網羅したわけではなく、彼らの示唆する素朴認識論の普遍性を立証するには、さらなる研究が不可欠である。また、彼らは数多く存在するゲティア型事例のうち1つを検討したにすぎない。そのため、ゲティア型事例についての社会集団間での相違を検証する実験は、これからも行われ続けるだろう[15]。

　さらに、ゲティア型事例についての研究は、ワインバーグらの強調した否定的プログラムとしてだけでなく、伝統的哲学にも貢献するより積極的なプログラムとしても進行しつつある。トゥリーらが提示したゲティア型事例の分類と、それに基づく実験を通じたゲティア型事例についての判断の要因の特定は、現在まだ追試が行われてはいないが、伝統的認識論の手法による事例分析と実験的方法の共同作業の成果として、注目に値するものである。トゥリーらの分類は、偽の納屋事例を含む本物の証拠の事例を知識が不成立である事例とはしない点で、認識論で標準的とされてきた判断を部分的に否定する。しかしながら、彼らの分類は、これらの事例に関して知識が不成立であるという判断が否定されたとしても、他の条件を含む他の事例に関しては知識が不成立であるという判断は否定される必要がないことも示している。両者の事例に含まれる条件の相違から、なぜ直観的判断が異なるのかを説明することができるからである。ゲティア型事例だけでなく、伝統的認識論で議論されてきた他の事例についても、実験哲学はこうした興味深い成果を今後生み出していくはずである。

参照文献

Alexander, J., and Weinberg, J. M. (2007) Analytic Epistemology and Experimental Philosophy. *Philosophy Compass*, 2(1): 56-80.

Antognazza, M. R. (2015) The Benefit to Philosophy of the Study of its History. *British Journal for the History of Philosophy*, 23(1): 161-184.

---

15) 本章では触れられなかったゲティア型事例についての直観的判断に関する研究として、ジェンダー間での相違についての研究と、第5章で解説されるノーブ効果の影響についての研究がある。前者については、相違が存在するという初期の実験結果の再現性を否定する実験を含む Seyedsayamdost (2015a) を、後者については、関連研究の概説である Beebe (2016) を参考のこと。

Ayer, A. J. (1956) *The Problem of Knowledge*. Harmondsworth: Penguin Books. (A・J・エイヤー『知識の哲学』神野慧一郎訳, 白水社, 1981年)

Beebe, J. R. (2016) Evaluative Effects on Knowledge Attributions. In W. Buckwalter and J. Sytsma (eds.), *Blackwell Companion to Experimental Philosophy*. London: Wiley-Blackwell, pp. 359–367.

Blouw, P., Buckwalter, W., and Turri, J. (2017) Gettier Cases: A Taxonomy. In Borges, de Almeida, and Klein (2017), pp. 242–252.

Borges, R., de Almeida, C., and Klein, P. D. (eds.) (2017) *Explaining Knowledge: New Essays on the Gettier Problem*. Oxford: Oxford University Press.

Chisholm, R. M. (1957) *Perceiving: A Philosophical Study*. Ithaca, NY: Cornell University Press. (R・M・チザム『知覚――哲学的研究』中才敏郎・中谷隆雄・飯田賢一訳, 勁草書房, 1994年)

Clark, M. (1963) Knowledge and Grounds. A Comment on Mr. Gettier's Paper. *Analysis*, 24(2): 46–48.

Colaço, D., Buckwalter, W., Stich, S. P., and Machery, E. (2014) Epistemic Intuitions in Fake-Barn Thought Experiments. *Episteme*, 11(2): 199–212.

Cullen, S. (2010) Survey-Driven Romanticism. *Review of Philosophy and Psychology*, 1(2): 275–296.

Dutant, J. (2015) The Legend of the Justified True Belief Analysis. *Philosophical Perspectives*, 29(1): 95–145.

Gettier, E. L. (1963) Is Justified True Belief Knowledge? *Analysis*, 23(6): 121–123. (E・L・ゲティア「正当化された真なる信念は知識だろうか」柴田正良訳, 森際康友編『知識という環境』名古屋大学出版会, 1996年, 259–262)

Goldman, A. I. (1976) Discrimination and Perceptual Knowledge. *Journal of Philosophy*, 73(20): 771–791.

Hetherington, S. (ed.) (2019) *The Gettier Problem*. Cambridge: Cambridge University Press.

Kim, M., and Yuan, Y. (2015) No Cross-Cultural Differences in Gettier Car Case Intuition: A Replication Study of Weinberg et al. 2001. *Episteme*, 12(3): 355–361.

Le Morvan, P. (2017) Knowledge before Gettier. *British Journal for the History of Philosophy*, 25(6): 1216–1238.

Machery, E., Stich, S. P., Rose, D., Alai, M., Angelucci, A., Berniūnas, R., Buchtel, E. E., et al. (2017a) The Gettier Intuition from South America to Asia. *Journal of Indian Council of Philosophical Research*, 34(3): 517–541.

Machery, E., Stich, S. P., Rose, D., Chatterjee, A., Karasawa, K., Struchiner, N., Sirker, S., et al. (2017b) Gettier across Cultures. *Noûs*, 51(3): 645–664.

Mukerji, N. (2019) *Experimental Philosophy: A Case Study*. London and New York, NY: Rowman & Littlefield International.

Murphy, T. S. (2015) Experimental Philosophy: 1935-1965. In T. Lombrozo, J.

Knobe, and S. Nichols (eds.), *Oxford Studies in Experimental Philosophy, Volume 1*. Oxford: Oxford University Press, pp. 325-368.

Nagel, J., San Juan, V., and Mar, R. A. (2013a) Lay Denial of Knowledge for Justified True Beliefs. *Cognition*, 129(3): 652-661.

Nagel, J., Mar, R. A., and San Juan, V. (2013b) Authentic Gettier Cases: A Reply to Starmans and Friedman. *Cognition*, 129(3): 666-669.

Seyedsayamdost, H. (2015a) On Gender and Philosophical Intuition: Failure of Replication and Other Negative Results. *Philosophical Psychology*, 28(5): 642-673.

Seyedsayamdost, H. (2015b) On Normativity and Epistemic Intuitions: Failure of Replication. *Episteme*, 12(1): 95-116.

Shope, R. K. (1983) *The Analysis of Knowing*. Princeton, NJ: Princeton University Press.

Sosa, E. (2007) Experimental Philosophy and Philosophical Intuition. *Philosophical Studies*, 132(1): 99-107.

Sosa, E. (2017) The Metaphysical Gettier Problem and the X-Phi Critique. In Borges, Almeida, and Klein (2017), pp. 231-241.

Starmans, C., and Friedman, O. (2012) The Folk Conception of Knowledge. *Cognition*, 124(3): 272-283.

Starmans, C., and Friedman, O. (2013) Taking "Know" for an Answer: A Reply to Nagel, San Juan, and Mar. *Cognition*, 129(3): 662-665.

Stich, S. P., and Tobia, K. P. (2016) Experimental Philosophy and the Philosophical Tradition. In W. Buckwalter and J. Sytsma (eds.), *Blackwell Companion to Experimental Philosophy*. London: Wiley-Blackwell, pp. 5-21.

Sytsma, J. (2017) Two Origin Stories for Experimental Philosophy. *teorema*, 36(3): 23-43.

Sytsma, J., and Livengood, J. (2016) *The Theory and Practice of Experimental Philosophy*. Peterborough, Ontario: Broadview Press.

Turri, J. (2012) In Gettier's Wake. In S. Hetherington (ed.), *Epistemology: The Key Thinkers*. London: Continuum, pp. 214-229.

Turri, J. (2013) A Conspicuous Art: Putting Gettier to the Test. *Philosophers' Imprint*, 13(10): 1-16.

Turri, J. (2016) Knowledge Judgments in "Gettier" Cases. In W. Buckwalter and J. Sytsma (eds.), *Blackwell Companion to Experimental Philosophy*. London: Wiley-Blackwell, pp. 327-348.

Turri, J. (2017) Knowledge Attributions in Iterated Fake Barn Cases. *Analysis*, 77(1): 104-115.

Turri, J. (2019) Experimental Epistemology and "Gettier" Cases. In Hetherington (2019), pp. 199-217.

Turri, J., Buckwalter, W., and Blouw, P. (2015) Knowledge and Luck. *Psychonomic*

Bulletin & Review, 22(2): 378–390.

Weinberg, J. M., Nichols, S., and Stich, S. P. (2001) Normativity and Philosophical Intuitions. *Philosophical Topics*, 29(1): 429–460.

Williamson, T. (2016) Philosophical Criticisms of Experimental Philosophy. In W. Buckwalter and J. Sytsma (eds.), *Blackwell Companion to Experimental Philosophy*. London: Wiley-Blackwell, pp. 22–36.

第3章 | 言語の実験哲学

和泉　悠

3.1　はじめに

　本書の意味での「実験哲学」という語がまだ広く使われていない 2004 年、とある哲学者のグループ──エドゥアール・マシェリー、ロン・マロン、ショーン・ニコルズ、スティーヴン・スティッチの 4 人である──が「意味論、文化横断的スタイル」という短い論文を認知科学の有力誌 *Cognition: International Journal of Cognitive Science* に発表した。この論文で主に主張されたのは、言語哲学において議論されてきた、固有名に関する指示の理論を支える哲学的直観には、東洋と西洋の間で文化差が存在するということである。さらに著者らは、哲学者は「自分たちの方法論を根本的に改訂し（中略）安楽椅子から起き上がる必要がある」(Machery et al. 2004, p. B9) と挑発的に結論づけた。以後十数年に渡って、この論文の中身を検討した数多くの研究が発表されてきたのは、挑発が見事に成功したためと言えるかもしれない[1]。

　本章の目的は、今も実験哲学分野を動かし続けているこの初期の論文 (Machery et al. 2004) を紹介するとともに、その後の実験内容の多様化を踏まえつつ、いくつかの批判と応答を概観することである。したがって、本章で焦点を当てる実験および議論の応酬は固有名についてのものに限定し、実験的言語哲学に

---

[1]　あくまで 1 つの目安にすぎないが、現在（2020 年 4 月）、マシェリーらの論文 (Machery et al. 2004) は Google Scholar において 606 件の被引用数を示している。哲学論文としては、この数字は比較的大きな値である。また、追加の実験報告に対するメタアナリシスもごく最近提示され、そこでは 19 件の追加実験が検討されている (Dongen et al. 2019)。

おける他の多彩な主題については、第5節で簡単に触れるに留める。

　本章で提示する実験的言語哲学に関する筆者の意見を、ここであらかじめまとめておこう。実験的言語哲学において議論が錯綜するのは、そもそも言語とは何か、意味とは何か、といった基本的事項に関して、論者の間での合意があまり成立していないからである。言語を探究するということだけは共通していても、生物学的に決定される器官の状態を探究しているのか、数理的抽象物を探究しているのか、社会的構成物を探究しているのか、それらの組み合わせなのか、あるいはまったく別の営みなのか、といったことについて、統一的な見解は存在しないのである。むしろ、そうした方法論的前提自体を問い直しても構わないのが、言語哲学の哲学たるゆえんだろう。

　マシェリーらの実験自体も、「意味」や「指示」という概念についての特定の——あるいはかなり混乱した——理解に基づいて行われ、また解釈されている。だからこそ、その実験と主張に対して数多くの批判が存在するのであり、その結論が広く受け入れられているとも言いがたい。しかし、そうした批判を通じて言語哲学における方法論が吟味されてきたことは間違いない。言語哲学に関する実験哲学研究は、今後も方法論的前提を検討するために有効な手段であり続けるだろう。

　以下ではつぎのように議論をすすめる。3.2節では、まずマシェリーらの「古典的」論文を紹介する。以降の節ではこの論文への批判を扱う。これまでに提示されてきたこの論文への批判には、大きく分けると方法論的結論への批判と実験そのものへの批判という2種類が存在するため、それぞれ1つずつ取り上げて検討することにしたい。3.3節では前者の例として、言語哲学において「直観」がそもそも使われていない、という批判を取り上げる。3.4節では後者の例として、複数の言語を用いて文化差に関する実験を行うことの困難さをめぐる議論を取り上げる。

3.2 「意味論、文化横断的スタイル」という論文

固有名の指示をめぐる2つの立場
　伝統的に言語哲学では、確定記述（*the largest prime number* といった定冠詞か

ら始まる句）と固有名（*Bart* や *Kurt Gödel* といった語句）の意味、あるいはそれらが指し示すものが重要なトピックとして議論されてきた。たとえば、*The largest prime number doesn't exist*（「最大の素数は存在しない」）ということの証明は、人工言語においてどのように書き表せばよいのだろうか。存在しないと言いながら、それについて語るとはどういうことなのだろうか。存在しないなら、「最大の素数」や「神」や「ゼウス」という語句は一体何を表すのか。そうした問いが問題になってきたのである[2]。

　確定記述の代表的な理論は、バートランド・ラッセルの「記述の理論」である（Russell 1905）。それによると、確定記述は量についての表現として分析され、具体的な人物やものなどを指示する表現ではないとされる[3]。この論文でマシェリーらが取り上げている論争の争点は、固有名にも記述の理論を当てはめるべきなのかどうか、というものである[4]。

　固有名の指示あるいは指示対象（表現が指示すると思われるもの）については、有名な2つの立場が存在する。1つ目は指示の「記述説」で、2つ目は「因果歴史説」である。

　固有名の指示に関する記述説は、上述の記述の理論を固有名にも当てはめようとする立場であり、おおよそつぎのように特徴づけられる。すべての固有名には、いろいろな性質を表す記述が話者によって関連づけられている。固有名の指示対象とは、その固有名に関連づけられている記述が表す性質をすべて（あるいは大部分を）持つものだ。たとえば *Gödel*（「ゲーデル」）には *the (first) person who proved the incompleteness of arithmetic*（「算術の不完全性を（最初に）証明した人物」）という記述が関連づけられており、*Gödel* の指示対象は、その記述を唯一的に満たすもの、つまり、その記述が表す性質を持つもの、ゲーデルその人のことである。固有名の指示対象が、それに関連づけられた記述によ

---

2) こうした議論については、飯田（1987）が今でも最良の入門書の1つである。

3) たとえば、*the F is G* という文は、$\exists x(Fx \land \forall y(Fy \to y=x) \land Gx)$（「ちょうど1つだけ *F* が存在し、その *F* が *G* だ」）のように量化子を用いた文として分析される。ただし、「ちょうど1つだけ」の唯一性を表す部分については、この分析を実際に英語の定冠詞に適用するにはいくつかの困難が存在するため、ラッセルの理論がそのまま自然言語の分析として広く受け入れられているわけではない（和泉 2016, 第4章、およびそこでの参考文献を参照されたい）。

4) 固有名についてのより最近の議論は、たとえば藤川（2014）、和泉（2016）にて紹介されている。

って決定されるという立場である。

　一方、固有名の因果歴史説によると、固有名の指示対象は、それに関連づけられた記述と無関係に決定される。固有名の指示対象は、その固有名の実際の使用をたどっていくことによって決定されるからである。たとえばゲーデルが生まれたとき、*Kurt* という固有名が導入され、両親や家族がこの固有名を使ってゲーデルを呼び始めたとする。*Kurt* という語を使って、家族はゲーデルを指し示したのだ。その使用を観察して、周囲の人物もそれにならい、同じようにゲーデルを *Kurt* と呼ぶため、*Kurt* という語を使いだす。そうして歴史的に、これまでに膨大な数の、ゲーデルについて語るための *Kurt* の使用が存在してきた。われわれが *Kurt* を使いゲーデルについて語る際も、これらの歴史的使用に依拠している。われわれが今使う *Kurt* は、因果的に、最初の固有名導入の場面につながっているのだ。とある固有名の指示対象は、話者が固有名について内的にどう思っているかとは関係なく、因果的・歴史的事実の積み重ねにより外的に決定されるというのがこの立場である。

　さて、これら2つの立場に関しては多くの議論がなされてきたが、歴史的な展開としては、つぎのような語り方がなされることがある。フレーゲ、ラッセル、ウィトゲンシュタインといった哲学者が記述説を唱え、20世紀中頃にはそれが広く受け入れられていたが、1970年代に哲学者ソール・クリプキが記述説を斥けて因果歴史説を代案として提出し、今度はクリプキの因果歴史説が広く受け入れられるようになった。マシェリーらはこのきわめて単純化された歴史的筋立てを前提としつつ、広く受け入れられているクリプキの「通説」を揺るがすものとして、東西間の文化的差異を主張しているのである。

架空の事例と直観

　さて、クリプキが記述説を斥ける議論には数多くの事例の提示が含まれる。たとえば、クリプキはわれわれにつぎのようなシナリオを想起させる。

　　ゲーデルは、実際にはこの定理［算術の不完全性］の著者ではなかった、と仮定しよう。「シュミット」という名の男、彼の死体は数年前ウィーンで謎めいた状況の下で発見されたのだが、彼が実は問題の成果をあげたのである。

彼の友人ゲーデルはその草稿をどうにかして手に入れ、その仕事はそれ以来
ゲーデルに帰されている。この場合、問題の観点に立てば、「算術の不完全
性を発見した男」という記述を満足する唯一の人物はシュミットであるから、
普通の人が「ゲーデル」という名前を使うとき、彼は実はシュミットを指示
しようとしていることになる。（中略）算術の不完全性を発見した男は実は
シュミットなのだから、「ゲーデル」について語るとき、われわれは実際に
はいつもシュミットを指示していることになる。しかし、われわれはそんな
ことはしていない、と思われる。断じてしていないのである。（Kripke 1980,
pp. 83-84; 邦訳 p. 100）

もし記述説が正しければ、すべての固有名には記述が関連づけられており、こ
の場合、*Gödel* には *the (first) person who proved the incompleteness of arith-
metic*（「算術の不完全性を（最初に）証明した人物」。上の邦訳では「算術の不完全性
を発見した男」）が関連づけられ、この記述に当てはまる人物が *Gödel* の指示対
象となる。このシナリオの下では、算術の不完全性を証明した人物はシュミッ
トなので、*Gödel* はシュミットを指示対象として持つと予測される。しかし、
クリプキが指摘する通り、*Gödel* という語を使う際われわれがシュミットを指
示しているとはとても思えない。

　さて、クリプキと本章の筆者がまさにここで「思われる」「思えない」とい
う句を使用したように、こうした言語哲学における議論では、架空の（あるい
は現実の）状況を前にしてわれわれがどのように思ったか・感じたかが重要と
なるように見受けられる。マシェリーらによると、われわれの「直観」が特定
の立場やそれに対する批判の根拠として用いられているのだ。そして、そうす
ると、この直観は一般的に想定されているほど普遍的に共有されているのかが
疑問となる。そこでマシェリーらはつぎのような実験を行った。

実験内容と結果

　ラトガース大学（ニュージャージー州の公立大学）と香港大学の学部生に対し
て、上記のゲーデル事例に基づいたシナリオが含まれた英文を見せ、質問に答
えてもらった[5)]。質問は、シナリオの登場人物——ジョンとしよう——が

Gödel という名前を使うとき、その人は選択肢(A)と(B)のどちらについて語っているのだろうか、というものである。登場人物ジョンがゲーデルについて知っていることは、ゲーデルは有名な数学の定理である不完全性定理を証明した、ということだけである。回答者は2つの選択肢(A)と(B)のどちらかを必ず選び、(A)ならば記述説と適合するような直観、(B)ならば因果歴史説と適合するような直観を有すると解釈される。以下に、オリジナルの英文とともに、日本語による再現実験で用いられた日本語翻訳文を載せておく[6]。

When John uses the name "Gödel", is he talking about:

(A) the person who really discovered the incompleteness of arithmetic? or

(B) the person who got hold of the manuscript and claimed credit for the work?

(Machery et al. 2004, p. B6)

「ゲーデル」という名前を使うとき、ジョンが語っているのは誰についてか？

(A)算術の不完全性を本当に発見した人物

(B)手稿を手に入れ、その業績を自分のものだと主張した人物

(Sytsma et al. 2015, p. 227)

報告された結果は図3.1にまとめられており[7]、西洋人の方が東洋人より因果歴史説に沿った回答を与えやすい、というものである。

　マシェリーらはこの実験結果を、西洋人・東洋人の間に、指示の理論に関する直観についての文化的差異が存在することを示すものだと解釈する。そして、さまざまなレベルにおいて、方法論的な帰結が生じうると考える[8]。たとえば、

---

5)　すべてで4種類の文章があり、うち2種類はゲーデルの事例に基づき、そのうちの1つは *Gödel/Schmidt* ではなく、中国名 *Tsu Ch'ung Chih*（祖沖之）を用いたものである。もう2種類は、クリプキによる同種の別の議論、預言者ヨナに関する事例に基づき、こちらも同様に、1つは西洋的 *Jonah*、もう1つは中国名を用いる。後者2種類には文化差が観察されなかったため、以下では前者2種類のみに焦点を当てる。

6)　後の3.4節では、中国語・日本語を用いた再現実験において問題となりうる点を検討する。

7)　Machery et al.（2004）は回答をスコア化して表記しているため、よりわかりやすいと思われる図を Machery（2012, p. 40, Figure 1）から採用した。

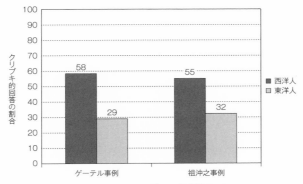

図 3.1 指示の文化差についての最初の実験結果（Machery 2012, p. 40）

　思考実験を使うとき、われわれは自分たちの直観が普遍的なものだと簡単に前提とするわけにはいかない、とマシェリーらは指摘する。ひょっとすると、自分たちの直観は、自分たちが属する文化や、専門家になるためのトレーニングに影響を受けているかもしれない。そうした可能性を実際に検証するために、これまでの研究の仕方を改め、安楽椅子から起き上がらなければならないとマシェリーらは結論づけた。

3.3 方法論的批判

　これまでのやり方を少なくとも部分的に否定するマシェリーらの結論に喚起されたのか、前節で紹介した論文に対して数多くの批判的議論が提出されてきた。本節では、仮に実験のデザインや質問の仕方などには何も問題がないと認めたとしても——次節で問題点を検討するように、これを実際に認める論者はおそらくいないように思われる——言語哲学のこれまでの方法論が覆るといった帰結は生じない、という批判の１つを検討しよう。

---

8) さらに、マシェリーは、同じ属性の集団間において大きく回答が割れている点についても強調している（Machery et al. 2004, p. B8; Machery 2014）。クリプキは「われわれはそんなことはしていない、と思われる」と述べたが、この実験結果は、西洋人参加者の半分はクリプキに同意しないかもしれない、ということを示唆している。

直観は言語哲学にとって重要ではないという批判

マックス・ドイッチュは、言語哲学（や認識論）の議論において、そもそも直観は重要な役割を与えられていないと主張する（Deutsch 2009; 2010; 2015）[9]。ということは、同一文化内や異文化間で直観についての差異が存在しても、あるいはそもそも直観が不安定なものにすぎなかったとしても、それは哲学的論証の優劣とは本質的には無関係ということになる。

ドイッチュは、マシェリーらが唱えるような方法論的帰結を導くには、つぎの前提を受け入れなければならないと指摘する。

> （EC）多くの哲学的論証は、思考実験および事例についての直観を証拠と見なすことに依拠している。（Deutsch 2015, p. 34）

一見すると（EC）は正しいように思われるかもしれない。まさにゲーデルの事例が示すように、言語哲学の議論は思考実験で溢れている。しかし、ドイッチュによると、「直観（intuition）」という語の解釈には、「状態」としての解釈と「内容」としての解釈という2種類が存在し、（EC）全体も多義的になってしまっている。そしてドイッチュは、（EC）は1つの解釈においては正しいが、もう1つの――マシェリーらが意図している――解釈においては正しくないと主張するのである。

では、「直観」の「状態」と「内容」の多義性とはどのようなものだろうか。この多義性は日本語においても変わらないと思われるため、以下日本語を用いて同じ論点を提示する。

ドイッチュによれば、「直観」の多義性は、「判断」や「信念」に共通するものだとされる。たとえば、とある人物が持つ「地球温暖化は進行していないという判断」を考えよう。この判断が「間違っている」や「偽だ」とわれわれが述べるとき、われわれは「地球温暖化は進行していない」という内容（命題）が間違っている（偽だ）と述べており、その人物がそういう判断を持っている

---

9) 第9章も参照されたい。類似の論点は特に Cappelen（2012）で展開されている。直観に関する別の議論として、専門家の直観の特別さに訴えたものがある（Devitt 2011; 2012）。それに対する応答には Machery（2012）がある。

という事実、あるいは判断を下すという行為を行ったという事実について、そんな事実はない、と述べているわけではない。「pという判断」という句を使って、われわれはpそのもの、あるいはpが表す内容（命題）について語ることがあるのだ。他方でもちろん、「地球温暖化は進行していないという判断を心の中に抱いた人物」のように、われわれが有する命題的態度や心的状態の一種を表すために「pという判断」が使用されることもある。まとめると、「pという判断」には心的状態としての解釈と、内容（命題）そのものを指す解釈の2種類が存在するのである。

　「pという直観」についても同様の多義性が存在する。この句は、とある心の状態や活動を指すかもしれないし、そうした心の状態と何らかの関係にある内容を指すかもしれない。そうすると、上記の（EC）はつぎのように多義的である。

（EC1）多くの哲学的論証は、特定の内容が直観的だという事実を、それらの内容を支持する証拠と見なしている。

（EC2）多くの哲学的論証は、特定の直観の内容を、何か別の内容（たとえば一般原理など）を支持するあるいは否定する証拠と見なしている。（Deutsch 2015, p. 36）

（EC1）は、直観という状態そのものについての主張であり、（EC2）は直観そのものではなくそれが表す内容に関する主張である。ドイッチュによると、（EC2）は正しいが、（EC1）は間違っている。たとえば、哲学者が何らかの一般的な主張「すべてのFがGだ」を否定するとき、提出される反例は「少なくとも1つのFがGではない」というものであり、「少なくとも1つのFがGではないということがとても直観的だ」というものではない。

　これをクリプキの議論に当てはめてみよう。記述説を「すべての固有名の指示対象は、それに関連づけられた記述を（唯一的に）満たすものだ」という一般的主張だと解釈すると、クリプキの反例は、「この固有名 *Gödel* に関連づけられた記述を満たすものはシュミットだが、固有名 *Gödel* の指示対象はゲーデルだ」というものである。そして、「この固有名 *Gödel* に関連づけられた記

述を満たすものはシュミットだが、固有名 *Gödel* の指示対象はゲーデルだ、<u>ということがとても直観的だ</u>」というのは記述説の反例ではないのである。それが直観的かどうかは副次的なことであり、あくまで「すべての F が G だ」という内容の適切な反例は「少なくとも 1 つの F が G ではない」という内容なのである。

ドイッチュの考えでは、実験哲学者は（EC）を（EC1）として解釈し、それを攻撃している。しかし、「哲学は直観ではなく論証をやりとりする」（Deutsch 2015, p. 57）もので、そもそも誰かが何かを直観的に感じる、ということは必ずしも重要ではないのである。

批判への可能な応答

さて、このような批判はどこまで有効だろうか。本章で最終的な評価を下すことはできないが、可能な応答をいくつか示しておこう。第一に、（EC1）が間違っているとするドイッチュの見立てを疑うことができるだろう。Machery et al.（2004）の著者の 1 人マロンは、言語哲学者が実際に直観に依拠すると明言している点を指摘する（Dacey and Mallon 2016, p. 377）。たとえば、クリプキ自身がつぎのように述べている。

> もちろん、直観的内容を持つことは何かを支持するための証拠としてはおよそ決定的ではない、と考える哲学者はいる。私自身は、それは何を支持するのにも非常に重い証拠だと考えている。究極的に言って、何についても、ある意味でそれ以上に決定的などのような証拠がありうるのか、私には皆目見当がつかない。（Kripke 1980, p. 42; 邦訳 p. 48）

ここでの「直観的内容を持つこと（something's having intuitive content）」が具体的にどういうことなのかそれほど定かではないが、これがわれわれの直観にまつわる事実の一種であるとすると、（EC1）を肯定していると解釈することができるだろう。もちろん、哲学者の自己規定と実際の活動が異なることはありうるだろうが、（EC1）は明らかに間違っている、と簡単に判断するわけにはいかないだろう。

　また、（EC2）が正しいとしても、論証の根拠となる内容の正しさはいかにして知ることができるのだろうか。記述主義に対するクリプキの反例は、「この固有名 *Gödel* に関連づけられた記述を満たすものはシュミットだが、固有名 *Gödel* の指示対象はゲーデルだ」というものだが、どうしてそうだと言えるのだろうか。結局、「この固有名 *Gödel* の指示対象はゲーデルだ」ということの正しさを担保するためには、何らかの直観に訴えなければならないのではないだろうか[10]。

　以上でマシェリーらの論文に対する批判の1つ（とそれへの可能な応答）の提示を終える。こうした議論は、そもそも言語哲学や意味論において、何が言語についての主張への証拠となるのか、という方法論的な検討を促すものである。ある表現の指示対象や意味はこういうものだ、と主張されたとき、一体何を提示すればそれへの反例となるのだろうか。表現が文中に現れるとき、それらの指示対象や意味をどのように判定すればよいのだろうか。そもそも表現が何かを指示する、意味するとはどういうことなのだろうか——こうした基本的な問いが生じてくるのである。

　対象言語話者（たとえば日本語を研究している場合は日本語話者）に対して、「この表現はどういう意味ですか？」と尋ねれば、こうした問いが霧散する、とは誰も思わないだろう。では、誰に何を尋ねればよいのだろうか。この問いへの答えはまったく自明ではない。マシェリーらの研究には、われわれをこうした基本的問いに立ち戻らせる効果があると言うことができる。しかし一方で、「指示」や「意味」についての前提を問い直すとき、マシェリーらの実験そのものに対しても疑問が生じてくる。

---

10)　これに対するドイッチュ（Deutsch 2015, Ch. 5）による回答は、基本的に、他の論証に依拠してとある内容（命題）が正しいと主張される、というものである。実際、クリプキもゲーデル・シュミットの事例のみに依拠して、記述説を批判しているわけではない。Ichikawa et al.（2012）にも同様の指摘がある。

3.4 実験内容に関する批判

　本節では、実験そのものに問題があるという立場の批判の例として Izumi et al. (2018) の議論と実験の一部を紹介し、文化差を測ること、そして特に複数の言語で実験を行うことの困難さを指摘する[11]。

　「東洋人」「東アジア人」についての主張を展開しているにもかかわらず、マシェリーらの実験は香港大学のバイリンガル大学生を参加者とし、調査文・質問はすべて英語で書かれている。東アジア人の直観を調べるのなら、東アジアの言語を用いるべきではないだろうか（Lam 2010）。この疑問に答えるため、マシェリーや他の実験哲学者は、広東語（Machery et al. 2010）と日本語（Sytsma et al. 2015）を用いて再実験を行い、結果は上記のデータを再現するものであった。東アジア言語での実験および他の複数の実験を踏まえ、マシェリーは指示に関する直観に差異があることは「もはや疑いの余地がない」（Machery 2014, p. 15）と述べる。しかし、ことはそう単純だろうか。

英語と日本語の質問選択肢の違い①──定冠詞と無冠詞の裸名詞

　先に 3.2 節で示した Machery et al. (2004) における質問選択肢と、追試で用いられた日本語での質問選択肢を比較してもらいたい。前者では *the person who ...* という定冠詞から始まる確定記述が用いられているのに対し、後者では「算術の不完全性を本当に発見した人物」と、冠詞や直示語（たとえば「あれ」「それ」）などがつかない「裸の（bare）」名詞を関係節で修飾したものが用いられている[12]。定冠詞を含む句と、無冠詞の裸名詞の用法が異なることは当たり前である（そうでなければ冠詞の学習はもっと簡単になっただろう）。

11）　実験そのものに対する批判の多くはとても単純で、それは質問の仕方がおかしい、というものである。質問が何らかの意味で曖昧だというものや（本節での議論はこれに含まれる）、質問が争点と無関係なことを尋ねている、というものなどがある。たとえば、メタ意味論と意味論とを混同している、というものや（Marti 2009）、意味論と語用論を混同している（Deutsch 2009）、視点の曖昧さがみられる（Sytsma and Livengood 2011）、用いられている動詞が曖昧だ（Beebe and Undercoffer 2016）というものなどがある。それぞれに対して、マシェリーや他の実験哲学者が応答を与えている（Machery et al. 2009; 2015）。

12）　裸名詞全般については和泉（2016）を参照されたい。

　ここで重要な言語学的事実は、日本語の裸名詞が持ちうる解釈の一部は、英語では定冠詞以外の表現を用いて表さなければならない、ということである。つまり、日本語の裸名詞のほうが英語の確定記述よりも曖昧なのである[13]。「フランスの国王（the king of France）」のように、確定記述に対応するような裸名詞の用法もあるが、「いつかピアノを所有したい（I want to own a piano one day）」のように、不定冠詞に対応した裸名詞の用法もある。また、「ピアノは高い（Pianos are expensive）」「トラは哺乳類だ（Tigers are mammals）」「水はH2Oだ（Water is H2O）」のように、可算名詞の複数型、不可算名詞の単数形に対応するような用法もある。日本語の裸名詞を用いるとき、それが必ずしも *the F* という形の句に対応するとは限らないのである。

　以下で提示する批判の主旨をあらかじめ述べておけば、日本語での追試では、鍵となる設問の選択肢で英語での設問とは異なる種類の表現が使われたために、異なった仕方で回答が与えられたと考えられる。別の仕方で尋ねられたがゆえに、より多くの日本語話者が記述説に沿った回答を選んだのであり、英語での設問と同じ種類の表現を用いるならば、マシェリーらが主張してきた文化的差異は消失するのだ（同じ論点は中国語にも敷衍できる）。

英語と日本語の質問選択肢の違い②──裸名詞の多様な解釈の可能性

　日本語追試で使われた、「ジョンが〜について語っている」という構文においても、やはり裸名詞は解釈の多様性を示す。「ジョンが犬について語っている」という文を読んだとしても、この「犬」の現れは多様な解釈の可能性を持つ。ここで、本章での議論と関係する可能性を3つ列挙しよう。第一に、すでにとある犬について言及されていて、ここでの「犬」はその犬を再び指示しているのかもしれない──「その犬（the dog）」に近いような解釈である。第二に、特定の唯一の犬は存在しないが、ジョンはとにかく犬という動物が飼いたくて、犬であるという記述・性質を想定しているだけなのかもしれない──「何らか

13）　ここでの「曖昧さ」は前理論的な用法であり、専門的な意味での"vagueness"や「構造的多義性」といった意味が意図されているわけではない。この曖昧さ、あるいは解釈の複数性が、構文的な多義性に基づくのか、意味論や語用論的理由によって生じるのかは明らかではないため、たとえば構文的な「多義性」としてしまっては論点先取となる。

の犬（a/some dog）」に近い用法である。第三に、ジョンは犬という動物種全体について、その分布や習性などについて語っているのかもしれない——「犬という種（dogs）」に近い用法である。これら3つの解釈を便宜上、「照応解釈」、「不定解釈」、「種類解釈」と呼んでおこう。

Sytsma et al.（2015）における日本語質問の選択肢についても、同じような解釈の多様性が観察されるとすると、それがオリジナルの英語の確定記述と同等なのかが問題となってくる。たとえば選択肢(A)によると、ジョンが語っているのは「算術の不完全性を本当に発見した人物」だ、ということになる。しかし、回答者は裸名詞句「算術の不完全性を本当に発見した人物」を一体どう解釈しただろうか。英語実験における(A) *the person who really discovered the incompleteness of arithmetic* を用いたとき、マシェリーらが意図した解釈は、シュミットのことである。つまり、シナリオの中に登場している、算術の不完全性を発見したその人物、という意味で「照応解釈」が意図されている。

翻って、日本語の(A)「算術の不完全性を本当に発見した人物」には、同等の照応解釈もあるが、それとは異なる不定解釈や種類解釈を与えることも可能である。そして、これが日本語話者である参加者の回答方法に影響を与えうるのだ。

まず、不定解釈を考えよう。これはつまり、「算術の不完全性を本当に発見した人物」を「算術の不完全性を本当に発見した何らかの人物（a/some person who really discovered the incompleteness of arithmetic）」のように解釈する、ということである。こう解釈することが、もしシナリオと相反しないなら、回答者には(A)——マシェリーらにとっては記述説的回答と解釈される——を選ぶ理由があることになる。実際、不定解釈はシナリオと相反しない。ジョンが「ゲーデル」という名前を使うとき、その表現が何を意味するのかに関係なく、ジョンは算術の不完全性を本当に発見した誰かのことを想定している。言い換えると、ジョンは「算術の不完全性を本当に発見した人物だ」という記述・性質を想定している。何らかの算術の不完全性を本当に発見した人物を想定しながら語っている限りにおいて、どのような言語表現を用いたかに関わらず、ジョンが「算術の不完全性を本当に発見した何らかの人物について語っている（talking about a person who really discovered the incompleteness of arithmetic）」と見な

すことは正しくなる。つまり、(A)に不定解釈を与えてもシナリオと相反しない
のだ。

　また、同様に、何らかの算術の不完全性を本当に発見した人物を想定しなが
ら語っている限りにおいて、ジョンがそういう種類の人物について語っている
と見なすことも正しい。つまり、(A)に種類解釈を与えても、シナリオと相反し
ないのだ。そうすると、日本語話者にとって選択肢(A)が魅力的に思えてもおか
しくないのである。

問題点の整理

　以上の議論を踏まえて、日本語による追試の問題点を整理する。Sytsma et
al.（2015）における日本語選択肢(A)・(B)にはそれぞれ理論的に少なくとも 3 つ
の別の解釈が存在する（照応・不定・種類解釈）。そのうち、オリジナルの実験
にて *the ...* を用いて意図されていた解釈は 1 つだけである（照応解釈）。つま
り、日本語話者の回答者が(A)と(B)双方に照応解釈を与えつつ、(A)を選べば記述
説的直観、(B)を選べば因果歴史説的直観を有している、と見なしてもよい。し
かし、回答者が(A)と(B)双方に照応解釈を与えながら選択肢を選んでいるという
保証はまったくないため、追試の結果を定冠詞を用いた実験結果と比較するこ
とはできない。

　さらに、(A)における他の解釈可能性（不定・種類解釈）はシナリオと相反しな
い。一方で、(B)における他の可能性はシナリオと一致しない。シナリオ中で、
ジョンが「手稿を手に入れ、その業績を自分のものだと主張した人物だ」とい
う記述・性質や、そういう種類の人間について想定していたとする示唆はない。
そのようなことをジョンが考えているはずはないのである。選択肢(A)・(B)それ
ぞれに複数の解釈が存在するが、(A)ではどの解釈の可能性もシナリオと適合す
るのに対し、(B)についてはそのうち 1 つだけが適合するため、回答者は(A)の方
をより多く選択する理由を持っている。この点は、どうして Sytsma et al.
（2015）において日本語話者が選択肢(A)をより多く選んだかという事実を説明
するかもしれない。

裸名詞を取り除く実験

　以上の理論的検討の含意は、日本語追試で使用された裸名詞は曖昧なので使うべきではなかった、ということである。Izumi et al. (2018) はこの含意を検討するために、マシェリーらの実験を修正しつつ日本語で実験を行った。検証された仮説は、もし裸名詞使用による質問の曖昧さが選択肢(A)をより多く選ぶ理由となったのなら、裸名詞を使用せず、曖昧さを減らすことができれば(A)をより多く選ばなくなるだろう、というものである。この仮説を調べるために、京都産業大学の学部生（N＝211）に、Sytsma et al. (2015) と同じようなゲーデルのシナリオと質問を提示し、答えの選択肢だけ以下のものに差し替えた。以下の選択肢は、曖昧さが少なく、もともとマシェリーらが意図していた照応解釈をできるだけ促すような表現を用いたものである（これを「照応解釈条件」と呼ぼう。N＝110）。

　(A)文中に出てきた、ジョンが知らない、算術の不完全性を本当に発見したその人物
　(B)文中に出てきた、算術の不完全性を発見した人物と広く信じられているが、実際は手稿を手に入れ功績を自分のものにしたその人物　(Izumi et al. 2018, p. 1194-1195)

直示語「その」が「人物」を修飾するため、選択肢(A)・(B)は裸名詞ではない。また、「文中に出て来た」といった節により、すでに登場した人物を再び指している、という解釈が強調されている。比較として、Sytsma et al. (2015) と同じ裸名詞による設問が与えられるグループも用意した（「裸名詞条件」N＝111）。結果は図3.2にあるように、裸名詞条件での実験はこれまでの結果を再現するものであったが、曖昧性を減らした照応解釈条件では、ちょうど半数が選択肢(B)を選び、両グループの間には大きな違いが見つかった。

　直接比較することはできないが、マシェリーらの2004年の実験で約半数のラトガーズ大生が(B)を選択したことを踏まえると、きわめて示唆的な結果である。少なくとも日本語話者が、必ずしもより記述説に沿った回答を与えやすい、とは言えないことがわかった。選択肢の曖昧さを減少させるだけで、回答の仕

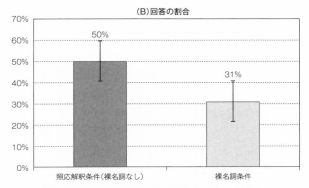

図3.2 2つの条件下で日本語話者が因果歴史説的回答を選んだ割合 (Izumi et al. 2018, p. 1195)

方が変わったのである[14]。

　Izumi et al.（2018）による批判は、直接的には東アジア言語で行った追試に対するものであり、マシェリーらのオリジナルの結果がただちに覆されるものではない。しかし、そこから得られる1つの教訓は、複数言語を用いて「同じことを質問する」ことが簡単ではない、ということである。冠詞使用の有無、という点1つだけを取り上げても、日本語・英語で書かれた質問を比較する際、上述のようなやや複雑な言語学的議論が必要となった。Sytsma et al.（2015）は翻訳の問題を重要視し、英語から日本語へ文章を翻訳した後、再び日本語から英語へと翻訳を行って（back-translation）追試を行い、結果の安定性を確認している。それでも、日本語には（そして中国語など多くの東アジア言語にも）そもそも冠詞がないという特徴を看過したため、上記の批判が成立した。当然ながら、冠詞や構文などを含む文法的差異だけでなく、哲学的文脈で使用される語彙（「知っている」「良い」「悪い」「自由だ」など）の差異も重要となるだろう。2つの集団に「まったく同じこと」を尋ねて、まったく別なように答えたなら、集団間に差異があると言えるだろうが、複数の言語を用いて「まったく同じこと」を尋ねていることを保証するのは、それほど簡単ではないのである。

14）　Izumi et al.（2018）が報告するもう1つの実験は、新たな質問選択肢のどの表現が回答に影響を与えるのかを判定しようとしたものである。

3.5 おわりに――今後の方向性

　本章では、Machery et al.（2004）という実験哲学分野における最重要文献の1つを取り上げ、それに対する批判のいくつかを比較的詳しく紹介した。批判の1つは、そもそも思考実験にまつわる直観が主張の正しさの根拠としては作用していない、というものである。もう1つの批判は、東アジア言語の特徴の1つ（冠詞がないということ）を看過したために、東アジア言語を用いて文化差の存在を示すことに失敗している、というものである。

　本章で取り上げたのは、マシェリーらの古典的研究のみである。そこに瑕疵があるかもしれない、という議論は、当然ながら言語の実験哲学全般に簡単に拡張できるわけではない。これまでに、固有名の指示のほかにも多様な主題が実験的に探究されてきた。最後にそのいくつかについて言及しておこう。

　まず、固有名についての議論の拡張として、*water* や *tiger* といった自然種名についての実験が存在する[15]。話者がこれらの語をどのように理解しているのかは、心理学における概念や本質主義の探究に関わる。さらに、心理学研究との協調が進んでいる主題として、サラ・ジェーン・レズリーが推し進める総称文にまつわる一連の研究が存在する[16]。総称文とは、「サメは人を襲う」や *Women are more caring than men* といった構文に代表される、何らかの一般化を示す文のことであり、ステレオタイプや偏見と深く結びついていることが明らかとなってきた。この一連の研究では、実験的探究を通じて、総称文の言語的・認知的メカニズムを解明することが目指されている。

生成文法分野における実験的試み

　ここで興味深いのは、実験哲学的研究が盛んになった頃と少なくともそれほど離れていない時期に、生成文法とその関連領域においても、実験的手法が分野を席巻し、次第に定着しつつあるということである。生成文法の分野におい

15）　Hansen（2015, Sec. 4）がこの主題の概説を与えてくれる。
16）　代表的なものは Leslie（2017）であり、Wodak et al.（2015）がこうした研究の概要を教えてくれる。また、日本語で読めるものとして和泉（2018）も参照されたい。

ても、実験的手法に対して理論家たちは多様な形で反応したようだ。たとえば
その１つは、実験的手法を受け入れつつも、伝統的統語論の成果を擁護しよう
とするものだ。伝統的統語論の分野においては、統語論者が内省を通じて文法
性判断を提示し、それに基づき理論を構築する。その文法性判断が、おおむね
非専門家の文法性判断と一致することを示す研究が存在する（Sprouse et al.
2013）。

　ナサニエル・ハンセン（Hansen 2015）は、生成統語論におけるこの文法性判
断にまつわる論争（Sprouse et al. 2013）が、実験哲学内の論争（特に専門家擁護
論）と平行的であると指摘しているが、方法論が違いすぎるためにそれほど単
純に比較はできないと思われる。生成統語論においては、究極的には生物学的
に理解されるべき言語機能（the language faculty）の特徴を探究しているという、
研究者間の方法論的一致が存在する。これに対して、本章の議論が示唆するよ
うに、哲学者の間にそのような同意は存在しない。もっとも、言語学者の間に
も、どのような実験的手法が有効で、本当に何か新しい知見を与えるものなの
かといった点については総意がないように見受けられるため（Cummins and
Katsos 2019; Hoji 2016; Jacobson 2018）、その意味では、実験言語学と実験哲学の
比較は興味深いものがある。

自然科学化する言語哲学

　実験的言語哲学が展開していく今後の可能性の１つは、実験言語学と同じよ
うな方向性をとることである。それは、実験的手法を、具体的分析を提案する
ための足がかりにしたり、競合する分析の優劣を判定するために利用したりす
るというものである。これは、本書の第４章や第７章で特に検討されている、
実験哲学における肯定的プログラムの一環と言えるだろう。

　とある言語現象についての具体的分析を検証するために実験的手法を利用し
ていくならば、言語哲学と自然科学の一領域としての言語学との境目はますま
す曖昧になるだろう。言語哲学の自然科学化が進行すると言い換えてもいいか
もしれない。筆者にとっては、言語哲学が自然科学の一部であっても一向に構
わないが、繰り返し述べてきたように、この点について言語哲学者の間に総意
があるようにはまったく思えない。

本章で検討されたマシェリーらの具体的提案が最終的にどう評価されるのか
に関わらず、言語の実験哲学は、こうした方法論的考察を迫るものなのである。

参照文献

Beebe, J. R., and Undercoffer, R. J. (2016) Individual and Cross-Cultural Differences in Semantic Intuitions: New Experimental Findings. *Journal of Cognition and Culture*, 16(3-4): 322-357.

Cappelen, H. (2012) *Philosophy without Intuitions*. Oxford: Oxford University Press.

Colaço, D., and Machery, E. (2017) The Intuitive is a Red Herring. *Inquiry*, 60(4): 403-419.

Cummins C., and Katsos N. (2019) Introduction. In C. Cummins and N. Katsos (eds.) *The Oxford Handbook of Experimental Semantics and Pragmatics*. Oxford: Oxford University Press, pp. 1-6.

Dacey, M., and Mallon, R. (2016) Reference. In J. Sytsma and W. Buckwalter (eds.) *A Companion to Experimental Philosophy*. Malden, MA: Wiley-Blackwell, pp. 371-389.

Deutsch, M. (2009) Experimental Philosophy and the Theory of Reference. *Mind & Language*, 24(4): 445-466.

Deutsch, M. (2010) Intuitions, Counter-examples, and Experimental Philosophy. *Review of Philosophy and Psychology*, 1(3): 447-460.

Deutsch, M. (2015) *The Myth of the Intuitive: Experimental Philosophy and Philosophical Method*. A Bradford Book. Cambridge, MA: The MIT Press.

Devitt, M. (2011) Experimental Semantics. *Philosophy and Phenomenological Research*, 82(2): 418-435.

Devitt, M. (2012) Whither Experimental Semantics? *Theoria* 27(1): 5-36.

Dongen, N. v., Colombo M., Romero F., and Sprenger J. (2019) Intuitions about the Reference of Proper Names: A Meta-Analysis. https://doi.org/10.31234/osf.io/ez96q

Hansen, N. (2015) Experimental Philosophy of Language. In *Oxford Handbooks Online*. Oxford University Press.

Hoji, H. (2016) *Language Faculty Science*. Cambridge, UK: Cambridge University Press.

Ichikawa, J., Maitra, I., and Weatherson, B. (2012) In Defense of a Kripkean Dogma. *Philosophy and Phenomenological Research*, 85(1): 56-68.

Izumi, Y., Kasaki, M., Zhou, Y., and Oda, S. (2018) Definite Descriptions and the Alleged East-west Variation in Judgments about Reference. *Philosophical Studies*, 175(5): 1183-1205.

Jacobson, P. (2018) What is—or, for that Matter, isn't—'Experimental' Semantics? In D. Ball and B. Rabern (eds.) *The Science of Meaning: Essays on the Metatheory of Natural Language Semantics*. Oxford: Oxford University Press, pp. 46-72.

Jylkkä, J., Railo, H., and Haukioja, J. (2009) Psychological Essentialism and Semantic Externalism: Evidence for Externalism in Lay Speakers' Language Use. *Philosophical Psychology*, 22(1): 37-60.

Kripke, S. A. (1980) *Naming and Necessity*, Cambridge, MA: Harvard University Press. (ソール・クリプキ『名指しと必然性——様相の形而上学と心身問題』八木沢敬・野家啓一訳, 産業図書, 1985 年)

Lam, B. (2010) Are Cantonese Speakers Really Descriptivists?: Revisiting Cross-Cultural Semantics. *Cognition*, 115(2): 320-9.

Leslie, S.-J. (2017) The Original Sin of Cognition: Fear, Prejudice and Generalization. *The Journal of Philosophy*, 114(8): 393-421.

Ludwig, K. (2007) The Epistemology of Thought Experiments: First Person Versus Third Person Approaches. *Midwest Studies in Philosophy*, 31: 128-159.

Machery, E. (2011a) Thought Experiments and Philosophical Knowledge. *Metaphilosophy*, 42(3): 191-214.

Machery, E. (2011b) Variation in Intuitions about Reference and Ontological Disagreement. In S. D. Hales (ed.) *A Companion to Relativism*. Malden, MA: Wiley-Blackwell, pp. 118-136.

Machery, E. (2012) Expertise and Intuitions about Reference. *Theoria*, 72: 37-54.

Machery, E. (2014) What is the Significance of the Demographic Variation in Semantic Intuitions? In E. Machery and E. O'Neill (eds.) *Current Controversies in Experimental Philosophy*. New York: Routledge, pp. 3-16.

Machery, E., Deutsch, M., Mallon, R., Nichols, S., Sytsma, J., and Stich, S. (2010) Semantic Intuitions: Reply to Lam. *Cognition*, 117(3): 363-366.

Machery, E., Mallon, R., Nichols, S., and Stich, S. P. (2004) Semantics, Cross-Cultural Style. *Cognition*, 92: B1-B12.

Machery, E., Mallon, R., Nichols, S., and Stich, S. P. (2013) If Folk Intuitions Vary, then What? *Philosophy and Phenomenological Research*, 86(3): 618-635.

Machery, E., Olivola, C. Y., and Blanc, M. D. (2009) Linguistic and Metalinguistic Intuitions in the Philosophy of Language. *Analysis*, 69(4): 689-694.

Machery, E., and Stich, S. (2012) The Role of Experiment in the Philosophy of Language. In G. Russell and D. G. Fara (eds.) *The Routledge Companion to the Philosophy of Language*. New York: Routledge, pp. 495-512.

Machery, E., Sytsma, J., and Deutsch, M. (2015) Speaker's Reference and Cross-Cultural Semantics. In A. Bianchi (ed.) *On Reference*. Oxford: Oxford University Press, pp. 62-76.

Mallon, R., Machery, E., Nichols, S., and Stich, S. P. (2009) Against Arguments from

Reference. *Philosophy and Phenomenological Research*, 79(2): 332–356.

Martí, G. (2009) Against Semantic Multi-culturalism. *Analysis*, 69(1): 42–48.

Martí, G. (2012) Empirical Data and the Theory of Reference. In W. P. Kabasenche, M. O'Rourke and M. H. Slater (eds.) *Reference and Referring: Topics in Contemporary Philosophy*. Cambridge, MA: The MIT Press, pp. 63–82.

Sprouse, J., Schütze, C. T., and Almeida, D. (2013) A Comparison of Informal and Formal Acceptability Judgments Using a Random Sample from Linguistic Inquiry 2001–2010. *Lingua*, 134: 219–248.

Sytsma, J., and Livengood, J. (2011) A New Perspective Concerning Experiments on Semantic Intuitions. *Australasian Journal of Philosophy*, 89(2): 315–332.

Sytsma, J., Livengood, J., Sato, R., and Oguchi, M. (2015) Reference in the Land of the Rising Sun: A Cross-Cultural Study on the Reference of Proper Names. *Review of Philosophy and Psychology*, 6: 212–230.

Wodak, D., Leslie, S.-J., and Rhodes, M. (2015) What a Loaded Generalization: Generics and Social Cognition. *Philosophy Compass*, 10(9): 625–635.

飯田隆 (1987)『言語哲学大全 I──論理と言語』勁草書房.

和泉悠 (2016)『名前と対象──固有名と裸名詞の意味論』勁草書房.

和泉悠 (2018)「総称文とセクシャルハラスメント」『哲學』69, 32–43.

藤川直也 (2014)『名前に何の意味があるのか──固有名の哲学』勁草書房.

＊本章の執筆は、2020 年度南山大学パッヘ研究奨励金 I-A-2 および JSPS 科研費 18K12194 からの支援を受けている。ここに感謝する。

第4章 ｜ 自由意志の実験哲学

太田紘史

4.1　はじめに

自由意志は決定論と両立可能か

　古来より続く自由意志をめぐる哲学的問題の中心は、自由意志が決定論と両立可能かどうかというものである。決定論によれば、任意の時点における人間を含めた世界の状態は、過去の世界の状態と自然法則（通常これは因果法則と想定される）によって一意に決定される。仮に世界がこのように決定論的なものであった場合、われわれ人間は自らの行為を自由意志によって行うことができるのだろうか。

　そしてこの問いへの答えは、つぎの問いに対しても重大な含意を持つように思われる——われわれ人間は自らの行為に対して道徳的責任を負いうるのだろうか。というのも、行為を自由意志によって遂行できることは、道徳的責任を負うことの前提条件だからである。実際のところ、強制、脅迫、洗脳など、自由意志による行為の遂行を脅かすあらゆる要因は、関連する行為に対する免責の根拠となる。そうであれば、自由意志と決定論の両立可能性は、道徳的責任と決定論の両立可能性についても含意を持つことになる。はたして、自由意志と道徳的責任は、決定論と両立可能なのだろうか。

　一方で両立論者によれば、自由意志と道徳的責任は、決定論と両立可能である。すなわち、この世界が決定論的だと判明するかどうかは、われわれが自由意志を持つかどうか、またわれわれが自身の行為に道徳的責任を負いうるかとは関係がない。他方で非両立論者によれば、自由意志と道徳的責任は決定論と

両立不可能である。すなわち、この世界が決定論的だと判明すれば、われわれは自由意志を持たないことになるし、われわれは自身の行為に道徳的責任を負いえないことになる。ここで争われているのは、自由意志と道徳的責任の本性をめぐる問いである。一体どちらの見解が、その本性を言い表しているのだろうか。言い換えれば、自由意志と道徳的責任はその本性において、両立論的なものなのか、それとも非両立論的なものなのか。

自由意志と道徳的責任をめぐる人々の直観

　この問いをめぐる論争は、今やきわめて壮大で複雑なものとなっており、そこで俎上にあげられる論拠は形而上学的なものから倫理学的なものまで、多岐にわたる。その1つとして興味深い位置を占めるのが、人々の直観に関わる論拠である。一方で非両立論者が訴えるには、われわれ人間が素朴に想定している自由意志と道徳的責任は非両立論的なそれである。たとえば哲学者のゲイレン・ストローソンによれば、「大半の人々が、自らが有していると日常的かつ無反省に想定しているような類の自由」（Strawson 1986, p. 30）は、決定論の否定を含意するようなものである。またたとえば哲学者のロバート・ケインによれば、「大半の普通の人々は、自然には非両立論者として出発する」（Kane 1999, p. 218）。他方でこれを否定して、両立論を支持する哲学者のダニエル・デネットが言うには、われわれが道徳的責任を負う（負わせる）ときには、「当該の行為者が別の状況で別の仕方で行為できたかどうかということは、まったくどうでもよいことである」（Dennett 1984, p. 558）。

　これらの哲学者は、われわれ人間が自由意志と道徳的責任に関して抱く直観に訴えることで、自らが属する見解に対する一定の支持をもたらそうとしているように思われる。そうだとすれば、つぎのように問うのが当然だろう。われわれ人間が自由意志と道徳的責任について抱く直観について真実を言っているのは一体どちらの側なのか。これは明確に経験的に探究できる問題である。しかしこの問題が経験的な問題として自覚され、実験哲学の手法が適用されるようになったのは、今世紀に入ってからのことである。

　本章では、そうした実験哲学の研究のうち、まず先駆的な2つを解説しよう。エディ・ナーミアスらのグループは、自由意志と道徳的責任に関する直観は両

立論的なものだと提案している（Nahmias et al. 2005）（4.2節）。これに対し、ショーン・ニコルズとジョシュア・ノーブはそうした提案を批判して、人々の直観はむしろ非両立論的なものだと提案している（Nichols and Knobe 2007）（4.3節）。これらの研究を紹介したあと、その後の研究の展開や関連領域の諸研究について概観しよう（4.4節）。最後に、こうした実験哲学的研究と自由意志をめぐる哲学的論争との関係がどのようなものであるのか、とりわけ前者が後者に対してどのような意義を持ちうるのかについて、簡単に検討する（4.5節）。

4.2　素朴両立論を支持する研究

ナーミアスらによる実験

ナーミアスらは実験参加者らを集め、つぎのように、シナリオと図を見せた上で質問を与えた（Nahmias et al. 2005）。

こう想像してみてください。次世紀にすべての自然法則が発見されて、現在の世界の万物の状態とそれらの自然法則から、どんな未来の出来事でも正確に導き出せるスーパーコンピューターがつくられたと。それは、世界が今どうなっているかをすべて見通すことができ、また世界が未来にどうなるのかもすべて見通すことができるのです。そういうコンピューターがあったとして、それが 2150 年 3 月 25 日のある時刻の宇宙の状態を見てみるのだとしましょう。その瞬間はちょうど、ジェレミー・ホールという男が生まれる 20 年前のことでした。そしてこのコンピューターは、その情報と自然法則に基づいて、ジェレミーが 2195 年 1 月 26 日の午後 6 時にフェデリティー銀行に絶対に強盗をしかけるはずだということを導き出しました。いつもどおり、このスーパーコンピューターの予測は正確です。ジェレミーは 2195 年 1 月 26 日の午後 6 時にフェデリティー銀行に強盗をしかけたのでした。

そういうスーパーコンピューターが実際に存在し、ジェレミーの銀行強盗を含めて未来を実際に予測したと想像してみてください（ジェレミーはその予測を知ることはないとしましょう）。ジェレミーは自分の自由意志に基づいて行為したと思いますか？

その結果、大半の参加者（76%）がこの問いに肯定的に答え、また肯定的に答えた参加者の割合と否定的に答えた参加者の割合は有意に異なっていた。しかしこうした反応は、銀行強盗という道徳的に悪い行為が描写されているために得られたのかもしれない。すなわち、行為者に対する道徳的責任の帰属が自由意志の帰属を強めたのかもしれない。そこでナーミアスらは上記のシナリオを修正して、道徳的に善い行為（溺れた子供を助ける）を描くシナリオ条件で実験を行うとともに、道徳的に中立的な行為（ジョギングする）を描くシナリオ条件でも実験を行った。結果、それぞれでやはり有意に多くの参加者が、自由意志についての問いに肯定的に答え（道徳的に善い行為では68%、道徳的に中立的な行為では79%）、もとの実験条件との間に有意な差は見られなかった。それゆえ人々は、自由意志を決定論と両立可能なものだと直観的に見なしているようである（図4.1）。

　さらにナーミアスらは、人々が決定論的世界での行為について道徳的責任を帰属するかどうかを調べるため、上記の道徳的に悪い行為のシナリオ条件と道徳的に善い行為のシナリオ条件で、それぞれつぎのように問うた──「ジェレ

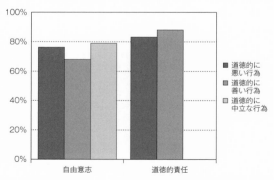

図4.1　決定論的世界における行為についての自由意志と道徳的責任の帰属
（Nahmias et al. 2005, p. 567）

ミーが銀行強盗をするとき、彼はその行為について道徳的な責任を負うと思いますか？」「ジェレミーが子供を助けるとき、彼はその行為について道徳的な賞賛に値すると思いますか？」。結果、それぞれについての肯定的な回答は83% と 88% に及び、いずれの割合も否定的回答よりも有意に高かった。それゆえ自由意志に加えて道徳的責任もまた、決定論と両立可能なものと直観的に見なされているようである（図4.1）。

他行為可能性は決定論と両立可能か

それでは、別の仕方で行為する能力、すなわち他行為可能性（alternative possibility）は決定論と両立可能なものと見なされているだろうか。自由意志をめぐる哲学的論争では、決定論は他行為可能性を排除し、それゆえ決定論は自由意志や道徳的責任と両立不可能だと論じられることがある（Van Inwagen 1983）。だが他方で、決定論は他行為可能性を排除しないという見解や（Ayer 1954）、他行為可能性は自由意志や道徳的責任と関係がないとする見解もある（Frankfurt 1969）。上記のように人々の反応が両立論的であり、決定論的世界での行為が自由で責任のあるものとして見なされているとしても、そこでは他行為可能性もまた認められているのだろうか。

そこでナーミアスらは、上記のシナリオを用いて自由意志について再び問うのに加えて、つぎのように他行為可能性についても問うた——「ジェレミーは銀行強盗をしないでおくことも選べましたか？」「ジェレミーは子供を救わないでおくことも選べましたか？」「ジェレミーはジョギングをしないでおくことも選べましたか？」。その結果はやや複雑なものであった（図4.2）。まず道徳的に悪い行為（銀行強盗）について、自由意志を帰属させるのと同じくらいの割合の人々が他行為可能性を帰属させた。しかし道徳的に善い行為（子供を救う）と道徳的に中立的な行為（ジョギング）については、他行為可能性を帰属させた人々の割合は、自由意志に比べて有意に低かった。

ナーミアスらはこの結果を、スーザン・ウルフ（Wolf 1990）の非対称性テーゼに合致するものとして解釈している。すなわち、ネガティブな道徳的責任（非難に値すること）は他行為可能性を要するが、ポジティブな道徳的責任（賞賛に値すること）は他行為可能性を要さない。人々は、ちょうどこれに合致す

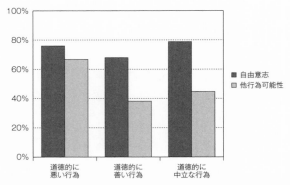

図 4.2 決定論的世界における行為についての自由意志と他行為可能性の帰属
(Nahmias et al. 2005, p. 569)

る仕方で直観的に判断しているようである、と。そしていずれにせよ、自由意志の帰属と他行為可能性の帰属は必ずしも合致しないようであるとも、ナーミアスらは指摘する。

　以上の結果を総合して、ナーミアスらは、人々が抱く直観は両立論的なものであると示唆されると結論づける。すなわち人々は、決定論的な世界の中の行為だからといって、たんにそれをもって自由意志による行為の可能性を否定したり、道徳的責任の帰属をやめたりするわけではないようなのである。

　本章の 4.1 節でも紹介した通り、一部の哲学者（たとえばストローソンやケイン）は、人々の判断は非両立論的なものであると想定してきた。上記のような研究を考慮に入れると、こうした哲学者らは根本的に観察を誤っていたことになるのだろうか。ニコルズとノーブは、必ずしもそうではないと考える。次節では彼らの研究を紹介しよう。

4.3　素朴非両立論を支持する研究

ニコルズとノーブによる実験

　人々が自由意志や道徳的責任について問われるときに示す反応は、どのようなプロセスやメカニズムから生産されているのだろうか。これは、人々の単なる反応パターンを超えた問いであり、ニコルズとノーブはこの点に焦点を合わ

せる。彼らはまず実験参加者に、つぎのような予備的なシナリオと問いを与え
た（Nichols and Knobe 2007, p. 669）。この問いは、参加者がこの世界を決定論的
と見なしているかどうかを確認するためのものである。

　ある宇宙を想像してください（これを宇宙Aとしましょう）。そこではすべて
の出来事が、それ以前の出来事によって完全に決定されています。これは宇
宙の最初の頃からそうなっていて、この宇宙の最初の瞬間の出来事がつぎの
出来事を決定し、あとは同じように繰り返されて、現在に至ります。たとえ
ば、ある日ジョンが昼食でポテトフライを食べることに決めたとしましょう。
他のすべての出来事と同じように、この選択はその前の出来事によって完全
に決定されたものです。そのため、ジョンがそう選択する前に宇宙で起こる
すべてのことがまったく同じである限り、ポテトフライを食べるというジョ
ンの選択が結果として生じるほかなかったのです。

　さて、また別の宇宙を想像してください（これを宇宙Bとしましょう）。そこ
でも、ほとんどすべての出来事が、それ以前の出来事によって完全に決定さ
れています。唯一の例外は、人間がなす選択です。たとえば、ある日メアリ
ーが昼食でポテトフライを食べることに決めたとしましょう。この宇宙での
人間の選択は、それ以前の出来事によって完全に決定されているわけではな
いので、メアリーがそう選択する前に宇宙で起こるすべてのことがまったく
同じであったとしても、ポテトフライを食べるというメアリーの選択が起こ
るとは限らなかったのです。つまり彼女は、別のものを食べることに決めて
いたかもしれないのです。

　すると結局違いはどこにあるかと言うと、まず宇宙Aでは、すべての選択
がそれ以前の出来事により完全に決定されているということです。つまり過
去のありようによって、どの選択もその通りに起こるほかないのです。これ
とは対照的に、宇宙Bでは、選択は過去によっては完全に決まっておらず、
人間がなすどの選択もその通りに起こるとは限らないのです。

問：これらの宇宙のうちどちらが、私たちのいる宇宙に近いと思いますか？

宇宙 A　　　宇宙 B

結果、90% を超える参加者が宇宙 B を選んだ。少なくとも大半の人々は、自分の住むこの宇宙が非決定論的なものだと考えているようである。

具体条件と抽象条件による反応の違い

以上に続いて参加者は、「具体条件」と「抽象条件」のいずれかにランダムに割り当てられた。これらのうち具体条件の参加者は、先ほどの宇宙 A（決定論的な宇宙）のもとでの行為について、つぎのような具体的な描写と問いを与えられた。

宇宙 A で、ビルという名の男が自分の秘書に惹かれ、彼女と一緒になるには自分の妻と 3 人の子供を殺すしかないと決めました。彼は、自分の家が火事になったらそれから逃れることはできないとわかっていました。そこで彼は出張旅行に行く前に、家を焼き尽くし妻子を殺せるよう地下室に装置を仕掛けたのでした。

さて、ビルは妻子を殺したことについて道徳的な責任を完全に負うでしょうか？

はい　　　いいえ

他方で抽象条件の参加者は、上記のような具体的な行為の描写は与えられず、たんにつぎのように抽象的な仕方で問われた。

宇宙 A で人は、自分の行為について道徳的な責任を完全に負うことができるでしょうか？

はい　　　いいえ

結果、具体条件の参加者の大半（72%）が「はい」と答えたのに対して、抽

象条件の参加者の大半（86%）が「いいえ」と答えた。すなわち、具体条件では両立論的な反応傾向が観察され、抽象条件では非両立論的な反応傾向が観察されたのである[1]。

　ニコルズとノーブはこの結果に基づいて、つぎのように考えた。両立論的な反応と非両立論的な反応は、異なる心理メカニズムによって生産されている。両立論的な反応は情動の喚起によって促進されているのに対して、非両立論的な反応はそうではない。さらに彼らはこの考えを、能力（competence）と運用（performance）の区別を通じて展開した[2]。それによれば、われわれは責任について判断するための暗黙の基準（すなわち能力）を持ち合わせているが、情動の喚起はそれに干渉して判断を歪ませる。この能力は非両立論的なものであって、決定論的な宇宙での行為について道徳的責任を帰属させるようなものではない。ただし、道徳的に悪い行為の描写によって情動が喚起されると、それは当該の能力を運用する場面でバイアスをもたらし、結果として決定論的な宇宙での行為についても道徳的責任を帰属させるようにわれわれを方向づけるという。彼らはこの「運用エラー」仮説を検証するために、つぎのような、さらなる実験を行った。

運用エラー仮説の検証

　参加者は、先ほどの宇宙 A と宇宙 B についての記述を与えられたあと、さらにつぎの質問条件のいずれかに割り当てられる。

---

1)　これら具体条件と抽象条件の間には、記述の分量に大きな違いがある。そこでニコルズとノーブは、具体条件での記述をつぎのように短いものに変えた――「宇宙 A で、ビルは自分の秘書と一緒になるために妻子を刺し殺した。ビルは妻子を殺したことについて道徳的な責任を完全に負うでしょうか？」。結果、両立論的な反応は 50% に低下したが、これは依然として抽象条件での結果とは有意に異なっていた。

2)　この区別はもともと理論言語学におけるノーム・チョムスキーのアイデアである（Chomsky 1965）。それによれば、言語に関して人間が持つ能力は文法知識をコアとして構成されており、それを行使したアウトプットである発話は、現実の記憶容量の制約や注意の状態などの周辺的要因によって左右される（いわゆる言い間違いはその一例である）。言語学はそうした周辺的要因によって左右されない文法知識を解明すべきであり、それが他でもなく一般に能力と総称される。これに対して、現実の周辺的要因に影響されながらそれを行使すること（あるいはそのアウトプット）は運用と呼ばれ、これは能力から厳密に区別されなければならない。ニコルズとノーブはこれと類比的に、情動を周辺的要因と見なし、責任帰属に関する能力を運用する際の干渉要因として位置づけるのである。

高情動条件

ビルは、これまで何度もそうしてきたように、通りすがりの人の後をつけてレイプした。ビルは、そうやってレイプしたことについて、道徳的責任を完全に負うことができるでしょうか？

はい　　　いいえ

低情動条件

マークは、これまで何度もそうしてきたように、脱税を試みた。マークは、そうやって脱税したことについて、道徳的責任を完全に負うことができるでしょうか？

はい　　　いいえ

　ただし各条件の中で、参加者の半分に対してはそれが宇宙Aでの行為として描かれ（決定論条件）、残りの半分に対してはそれが宇宙Bでの行為として描かれる（非決定論条件）。以上をまとめると、各参加者は2×2＝4条件のいずれかに割り当てられることになる。

　結果は表4.1のようなものであった。ニコルズとノーブが注目するのは以下の2点である。第一に、非決定論×低情動条件（89%）と決定論×低情動条件（23%）の差異（統計的に有意）である。これらの条件においては行為（脱税）の性質からして、参加者の情動の喚起が最小化されているはずなので（と彼らは考える）、情動の喚起に干渉されないまま能力が運用されているはずである。そしてたしかにそこでは、行為を含む世界が決定論的かどうかによって、道徳的責任の判断にも差異が現れている。それゆえ道徳的責任を帰属する能力は非両立論的なものだと考えられる。第二に、決定論×高情動条件（64%）と決定論×低情動条件（23%）の差異（統計的に有意）である。ここでは、情動の喚起の差異に応じて、たしかに道徳的責任の判断にも差異が現れており、上記の能力の運用に情動が干渉した結果だと考えられる。こうして運用エラー仮説は支持される。他方で、情動には関係なく具体性が運用レベルの干渉をなすという仮説や、情動が運用レベルでの干渉ではなく能力それ自体を構成しているとする仮説は、この結果をうまく取り扱えないと彼らは論じる。

表 4.1　高情動／低情動条件と決定論／非決定論条件の組み合わせにおける人々の反応
(Nichols and Knobe 2007, p. 676)

	非決定論条件	決定論条件
高情動条件	95%	64%
低情動条件	89%	23%

＊数字は各条件での質問に肯定的に答えた参
加者の割合。

　以上に基づいてニコルズとノーブが提案するのは、4.2 節で見た研究からの
示唆に反して、人々が抱く直観は必ずしも両立論的なものではない、という考
えである。むしろ人々は場面に応じて、両立論的な判断を下すこともあれば、
非両立論的な判断を下すこともある。ただし、人々が道徳的責任について判断
するために基礎とする能力は非両立論的なものであり、両立論的な反応はその
運用において情動からの干渉によって結果するものでしかない。この点で、両
立論的な反応はエラーを含んだプロセスに支えられているのである。

　ニコルズとノーブは、この点に基づいて哲学的に興味深い主張を提示する。
哲学的な論争の中で、両立論的な見解に合致する直観があると主張されること
があるかもしれない（たとえば 4.1 節で紹介したデネットの発言を見よ）。しかし、
それが上記のようなエラーを含んだプロセスに支えられていることによるので
あれば、（少なくとも一見）両立論的な直観が存在するからといって、それが両
立論的な見解を支持する根拠にはならないはずである。このように彼らは、直
観に関する経験的知見に基づいて、自由意志をめぐる哲学的論争に対する一種
の方法論的な含意を引き出しているのである。

　ここまでに紹介したところをまとめておこう。前節で紹介したナーミアスら
の研究は素朴両立論を支持するものであり、本節で紹介したニコルズとノーブ
の研究は素朴非両立論を支持するものである。興味深いことに、ニコルズとノー
ブの研究を通じて判明したように、これらの研究は人々の直観を調べるとい
う着想から出発しているものの、そこから引き出された結論は人々がなす判断
の可変性やそのメカニズムにまで及んでおり、そうした知見が自由意志をめぐ
る哲学的論争に結びつけられようとしている。その哲学的意義については最後
に振り返ることにして、その前に、こうした実験哲学的研究がその後どのよう
に進んできたのか、また周辺の心理学分野も交えながら経験的研究がどのよう

に幅を広げて多様化しているのか、その要所をかいつまんで概観しよう。

4.4　研究の進展と多様化

論争の継続①——機械論

　素朴両立論と素朴非両立論をめぐる論争はその後も継続している。素朴両立論の支持者であるナーミアスら（Nahmias et al. 2007）は、はたして人々が自由意志や道徳的責任の脅威として見なすものは決定論そのものなのかを問う。仮に決定論が正しいとしても、行為は心理状態によって因果的に決定されるのかもしれないし、あるいは物理状態（たとえば脳状態）によって因果的に決定されるのかもしれない。これらの可能性のうち人々が真の脅威と見なすものは後者、すなわち機械論であって、決定論そのものではない。ナーミアスらが見立てるところでは、非両立論が直観的にもっともらしいという言説は、機械論という脅威を決定論と混同しているだけなのである。

　こうした仮説を検証するためにナーミアスらは、決定論的な世界のシナリオのバリエーションを作成し、それらを機械論的な描写を含むものとそうでないものに分けた。一方で機械論的なシナリオは、「いったん特定の化学反応と神経過程が脳の中で生じたら、それは妻を殺すという決意を確実に引き起こす」といった具合に神経科学的な語彙を用いて描かれる。他方で非機械論的なシナリオは、「いったん思考・欲求・計画が心の中で生じたら、それは妻を殺すという決意を確実に引き起こす」といった具合に心理的な語彙を用いて描かれる。結果、シナリオ中の行為者に対する自由意志や道徳的責任は、非機械論的なシナリオのほうで有意に高く帰属された。たとえばあるシナリオについては、機械論的に描かれた場合に行為者への自由意志／道徳的責任の帰属が38％／41％にとどまったのに対して、非機械論的に描かれた場合にはそれが83％／89％に及んだ。

　このような実験結果からは、人々が自由意志や道徳的責任への脅威と見なすものは、決定論そのものではなくむしろ機械論であることが示唆される。仮にそうだとすると、自由意志と決定論に関して非両立論的らしき反応が観察されるような場合でも、それはむしろ実験参加者が決定論を機械論と読み違えた結

果なのかもしれない。

論争の継続②──バイパス仮説

　さらにナーミアスとディラン・マレー（Nahmias and Murray 2011）はこうした示唆を踏まえて、つぎのような「バイパス仮説」を提案する。人々は決定論を想定するように求められると、心（信念・欲求・熟慮など）が行為をコントロールする能力が失われると誤って考えてしまい、結果として自由意志／道徳的責任が不可能になるという判断を下してしまう。重要なのは、このような判断に至る心理過程がエラーを含んでいるということである。決定論は、行為を含めたあらゆる出来事が先行する出来事によって因果的に決定されるというテーゼであって、それ自体は、心から行為への因果的効力を否定するものではまったくない。それゆえ、たとえ非両立論的らしき反応が観察されたとしても、それが上記のようなエラーを含む心理過程を経たものである限り、人々が非両立論的な直観を有しているということにはならない。つまり、非両立論的らしき直観は説明し去ること（explaining away）ができるのである。

　この仮説をテストするためにナーミアスとマレーは、つぎのような実験を行った。参加者は、やはり決定論的な世界についてのシナリオを与えられた。それはこれまでの諸研究に登場したもののいずれかであり、抽象性／具体性におけるバリエーションも含んでいた。参加者は、与えられたシナリオ中の行為者に自由意志／道徳的責任を帰属するかどうかを問われるとともに、「バイパス質問」を与えられた。その質問ではたとえば、「行為者の選択はその行為に対してまったく影響を持たない」といった言明に同意するかどうかを問われる。

　結果、自由意志／道徳的責任を帰属する傾向と、バイパス質問についての肯定的回答の間には、非常に強い負の相関が判明した。さらに彼らが媒介分析を行った結果、自由意志／道徳的責任の帰属はバイパス質問への回答によって有意に予測され、この効果を差し引くと、自由意志／道徳的責任の帰属はシナリオ条件によっては有意に予測されなかった。こうして彼らは、以下のように結論づけた。抽象／具体をはじめとするシナリオ条件のバリエーションによって自由意志／道徳的責任の帰属に差異が見られることがあっても、それはバイパス的な心理過程による影響によるものでしかなく、非両立論的らしき反応はエ

ラーを含んだ心理過程の産物として説明し去られるのだ、と。

　しかしながら、素朴非両立論の支持者であるデイヴィッド・ローズとニコルズ（Rose and Nichols 2013）は、このバイパス仮説に対して異議を唱えている。バイパス仮説では、決定論はバイパス思考を通じて自由意志や道徳的責任の帰属を低下させるとされているが、もう１つの仮説がいまだ検討されていない。すなわち、決定論が直接的に自由意志や道徳的責任の帰属を低下させ、その結果としてバイパス思考が促されるというものである。こうした心理過程が働いているのであれば、むしろ人々の直観はエラーを含むどころか、非常に深いレベルで非両立論的であるということになる。実際に、彼らがバイパス質問を含む同様の実験を行った上で構造方程式モデリングを用いた分析を行った結果、得られたデータに合致したのはバイパス仮説ではなく、まさに非両立論的仮説のほうであった。

　他方で、バイパス仮説の提唱者らがさらに調査したところでは、決定論はバイパスを含意しないという明示的なメッセージをシナリオに組み込んだところ、自由意志／道徳的責任の帰属が有意に高まった（Murray and Nahmias 2014）。この結果はやはりバイパス思考が自由意志／道徳的責任の帰属に対して因果的影響を持つことを示唆している。このように、素朴両立論と素朴非両立論を支持する研究は相互に対立しながら発展し続けており、深いレベルでの心理過程を探究する方向へと向かっている。

フランクファート型事例

　4.3節でも紹介したように、他行為可能性（別の仕方で行為できること）が自由意志や道徳的責任にとって必要かどうかは、大きな哲学的問題である。この点でまさにそうした必要性を否定し、またそれを通じて両立論の隆盛に大きな影響力を誇ったのが、ハリー・フランクファートによる議論である（Frankfurt 1969）。彼はその論点を、非常に強力な思考実験を通じて提示した。その一例を平易に表現してみると、つぎのようなものになる。

　ある人物Ｊは、憎い知人を殺そうと思っていた。これを知った悪意ある科学者は、Ｊが確実にその殺人を遂行するように、Ｊの脳に電子チップを埋め込

んだ。もし J が殺人をやめようとしたら、その電子チップが作動して J の行動を支配し、殺人を行うように仕向ける。だがその後、J は自らの意志で殺人を行ったので、電子チップが作動することは結局なかった。

　この事例において、当該の人物 J はいずれにせよ知人を殺すほかなく、その限りで他行為可能性を欠いている。だがそれでもわれわれは、J が自身の行為に道徳的責任を負うはずだという強い直観を抱く。それゆえこの事例は、道徳的責任を負うためには他行為可能性が必要だというテーゼに対する明確な反例になると思われる。こうした事例のバリエーションは多数考案されており、それらは総じて「フランクファート型事例」と呼ばれる。

　フランクファート型事例をめぐっては激しい哲学的論争が繰り広げられてきたが（Widerker and McKenna 2003）、事例中の行為者が自身の行為に道徳的責任を負うという直観が強力であることは認められてきたと言ってよいだろう。実際、こうした直観の強さは実験哲学的な研究でも確認されている。ある研究は、窃盗を働く行為者を描いたフランクファート型事例を参加者に与えて、その行為者が窃盗をせざるをえなかったかどうか、またその行為者は窃盗行為について道徳的責任を負うかどうかを問うた（Cova 2014）。結果、行為者は窃盗をせざるをえなかったと答えた参加者のうち 91% が、その行為者は道徳的責任を負うと答えた（同様に Miller and Feltz 2011; Cova 2017）。

　しかし、われわれはなぜこのような強い直観を抱くのだろうか。フランクファートによれば、それはわれわれが実際の行為の理由を見分けた上で責任帰属を行うからである。すなわち、当該の行為者がなぜその行為を行ったのかということが、その行為についての責任帰属にとって核心をなすのである。たしかに上記の事例でも、その行為者自身の理由から殺人を意志しているように見えるし、だからこそわれわれは彼に道徳的責任を帰属したくなるのだと思われる。フランクファートの言葉で言えば、そのようにして意志が自分自身のものになっていること——同化されていること——が、責任帰属にとって本質的であり、また自由意志を構成するものである（Frankfurt 1971）。

　この点に関わる実験哲学的研究も行われている。ある研究（Woolfolk et al. 2006）で参加者は、男が脅迫されて殺人を強いられるというシナリオを提示さ

れた。その上で参加者は、その男がどれくらい殺人被害者の死に責任を負うか
を問われた。ただしシナリオ中での脅迫の強さはさまざまであり、これによっ
て参加者が認識する他行為可能性の度合いが操作された。さらにシナリオ中で
その男がその殺人を望んでいるかどうかもさまざまであり、これによって参加
者が認識する同化の度合いが操作された。結果、他行為可能性の度合いにかか
わらず、同化の度合いが低いときに比べて高いときのほうが、責任帰属の傾向
は有意に強かった。これは、同化が責任帰属にとって本質的であるとするフラ
ンクファートの見方に合致する結果である。

自由意志信念の研究

　人々は自由意志をどのようなものとして理解しているのか。この点について、
より心理学的なアプローチによる研究も多数行われている。そうした研究の焦
点の1つは、自由意志についての信念の研究である。すなわち、人々が自由意
志やそれに関連するものについて、どのような信念を抱いているのかを明るみ
に出すことが、そうした研究の狙いである。

　そのために採用される1つの手法が、信念尺度の開発である。その先駆的な
研究の1つにおいて開発されたのが、「FWDS（Free Will and Determinism
Scale）」と呼ばれる尺度である（Rakos et al. 2008）。この尺度は、「自由意志は人
間の精神の一部である」とか「私は自由意志を持っている」とかいった合計
22の言明から構成されている。これを開発した研究者らによる実験で、参加
者は各言明に対する同意を5件法で答えさせられた。この回答は単純合計によ
り22点から110点の値をとりうるが、結果を平均したところ約87点（79％）
の点数が観察されたことから、人々は自由意志の存在を信じる傾向にあると言
える。また後のFWDSを用いた研究によれば、〈人々が一般に自由意志を持
つ〉ということと〈自分自身が自由意志を持つ〉ということは、信念において
弁別されている（渡辺ら2016）。哲学的な議論ではこうした区別はほとんどな
されないが、自由意志に関して人々が考えていることを研究するのであれば、こ
うした精妙さを考慮に入れることは重要だろう。

　FWDSの弱点の1つは、決定論について明示的に問う質問項目がほとんど
含まれていないことである。この点を踏まえて開発されたのが、「FAD＋

（Free will And Determinism Plus）」と呼ばれる尺度である（Paulhus and Carey 2011）。これは最終的に 27 項目からなる尺度であり、それに対する人々の回答に対して因子分析が行われた結果、自由意志に関する因子、科学的決定論に関する因子、運命論に関する因子、予測不可能性に関する因子の 4 つが抽出された。さらに、自由意志に関する因子と科学的決定論に関する因子の間に有意な負相関が観察されなかったことから、人々が自由意志に関して抱いている信念は両立論的であることが示唆される。こうした研究は心理学者らが主導しているものだが、その方法論に注目した実験哲学者らが主導して開発した尺度も存在する（Nadelhoffer et al. 2014; Deery et al. 2015）。

　上記のような研究はいずれも、実験者が作成した言明についての同意度を測るものである。これに対して、「自由意志とは何か」といった問いを与えて記述させることで自由意志信念の内容を探る研究も存在する。ある研究は、参加者に「自由意志を持つとは何を意味するか」と問うてそれを記述させ、その記述を分類した（Monroe and Malle 2010）。結果、参加者のうち「選択する能力」に類する記述を与えたのは 65%、「欲する通りに行為すること」に類する記述を与えたのは 33%、「内的または外的な制約なしに行為すること」に類する記述を与えたのは 29% であった。これと同様の手法を日本人を対象として適用した場合でも、上記 3 つのアイテムに相当する記述がやはり上位を占めていた（Watanabe et al. 2019）。一部の研究者は、こうした結果も踏まえて、人々が自由意志として理解しているものはある種の心理的能力であり、（非）決定論や心身二元論といった形而上学的なアイテムは関係がないと論じているが（Monroe and Malle 2010; 2014）、他方で信念尺度を用いた研究からは、（非）決定論や心身二元論といったアイテムが自由意志信念に相関することが示されている（Forstmann and Burgmer 2018; Wisniewski et al. 2019）。

　いずれにせよ、自由意志信念が広く共有されていることを踏まえれば、それは何らかの社会的機能を担っていると考えられ、その 1 つが責任帰属だと考えるのは自然なことである。実際にある研究では、自由意志信念が強い参加者ほど、刑罰の一般的根拠として（再犯防止や被告人の更生といった帰結を重視する）帰結主義でなく、（犯した行為に応じて受けるに値する刑罰を受けるとする）応報主義に合致する判断傾向を示した（Shariff et al. 2014）。また、自由意志の存在を

否定する文章を読まされた参加者は、仮想的な量刑判断が寛容となり、より帰結主義的な判断傾向を示した（ibid.; 同様に Clark et al. 2017; Martin et al. 2017; しかし Monroe et al. 2014）。

　自由意志信念の社会的機能は、その行動上の効果からも推定されている。ある研究では、自由意志の存在を否定する文章を読ませられた参加者において、現金報酬を得るための不正行動の傾向が有意に高まった（Vohs and Schooler 2008）。またこの研究では、自由意志の存在を肯定する文章を読んだ参加者と、自由意志に関係がない文章を読んだ参加者との間に、そうした行動上の差異は見られなかった。それゆえ、人々は自由意志の存在を信じていること、かつその信念は不正行動を抑止するように機能していることが示唆される。こうした社会的機能は他のさまざまな行動研究からも示唆されており、援助や攻撃（Baumeister et al. 2009）、また同調（Alquist et al. 2013）などが関連することが知られている。こうした自由意志信念の社会的機能は、自己コントロールを介して発揮されているのかもしれない（Rigoni et al. 2012）。

　こうした自由意志信念の研究は社会心理学からのアプローチに裏打ちされたものだが、実験哲学的な研究と関心が共通する点も多く、両者はますます相互の知見を融合させながら展開している（渡辺ら 2015）。

4.5　哲学的意義

　最後に、これまで紹介してきたような実験哲学と関連領域における経験的研究が、自由意志にまつわる哲学的論争にとってどのような意義を持つのかについて振り返ろう。4.1 節で紹介した通り、哲学的論争の中で人々の直観に関する言及が繰り返されてきたことを受けて、実験哲学者はそれを経験的な問題として解明しようとしたのであった。しかし正確に言って、自由意志や道徳的責任に関する直観と哲学的論争の間にはどのような関わりがあるのだろうか。

　実験哲学者がしばしば自らの経験的研究の重要性を説明する際に訴えるのが、両立論と非両立論をめぐる論争における証明責任である。すなわち、両立論者と非両立論者の間で自説を説得的に論証する義務を負うのは、人々の直観に合致しない側だというわけである（Nahmias et al. 2005）。

　しかしこうした論点の重要性に対しては疑問を呈することができる。タムラー・サマーズ（Sommers 2010）が指摘する通り、たとえば仮に人々の直観が両立論的なものと判明し、証明責任が非両立論的見解をとる哲学者に課せられることになったとしても、彼らはその証明責任を進んで受け容れるだろう。実際、非両立論者らは帰結論証や操作論証など、いまや有名な多数の哲学的論証を考案してきたのであり（Van Inwagen 1983; Pereboom 2001）、すでにその証明責任は果たされているとすら言えよう。もちろんそうした論証は常に論争の的であり続けているが、そうだとしてもその論争において、人々の直観に関する事実がどのような役割を果たすのかは不明である。

　むしろ実験哲学の重要性は、自由意志や道徳的責任にまつわる実践を理解するというところにあるかもしれない。われわれは道徳的責任の帰属において、自由意志にまつわる何らかの原理に対して少なくとも暗黙にコミットしているはずであり、それはたとえば自由意志を欠いた行為者を免責するような実践に現れている。実際、哲学者たちはそうした原理とはどのようなものか、そしてそれが決定論と両立するようなものなのかを解明しようとしてきたのであり、4.4 節で紹介したようなフランクファート型事例もそうした目的で考案された思考実験として理解できる。

　だがそうした原理がどのようなものであるのかは経験的な問題であり、それはわれわれがなす責任帰属のパターンを体系的に観察して初めて推定できるはずである。それはひとえに責任帰属の心理メカニズムを探究することであり、またこれまでの実験哲学が全体として追求してきたことにほかならない。実験哲学とは一体どのような学問なのか、またそれはどのような仕方で哲学的な意義を持ちうるのかというメタ哲学的な問いを考える上でも、自由意志の実験哲学は示唆的である。

参照文献

Alquist, J. L., Ainsworth, S. E., and Baumeister, R. F. (2013). Determined to Conform: Disbelief in Free Will Increases Conformity. *Journal of Experimental Social Psychology*, 49: 80-86.

Ayer, A. J. (1954) *Philosophical Essays*. London: Macmillan.

Baumeister, R. F., Masicampo, E. J., and Dewall, C. N. (2009) Prosocial Benefits of Feeling Free: Disbelief in Free Will Increases Aggression and Reduces Helpfulness. *Personality and Social Psychology Bulletin*, 35(2): 260–268.

Chomsky, N. (1965) *Aspects of The Theory of Syntax*. Cambridge, MA: MIT Press.

Clark, C. J., Baumeister, R. F., and Ditto, P. H. (2017) Making Punishment Palatable: Belief in Free Will Alleviates Punitive Distress. *Consciousness and Cognition*, 51: 193–211.

Cova, F. (2014) Frankfurt-Style Cases User Manual: Why Frankfurt-Style Enabling Cases Do Not Necessitate Tech Support. *Ethical Theory and Moral Practice*, 17 (3): 505–521.

Cova, F. (2017) Frankfurt-Style Cases and The Explanation Condition for Moral Responsibility: A Reply to Swenson. *Acta Analytica*, 32(4): 427–446.

Deery, O., Davis, T., and Carey, J. (2015) The Free-Will Intuitions Scale and The Question of Natural Compatibilism. *Philosophical Psychology*, 28(6): 776–801.

Dennett, D. C. (1984) *Elbow Room: The Varieties of Free Will Worth Wanting*. Cambridge, MA: MIT Press.

Forstmann, M., and Burgmer, P. (2018) A Free Will Needs A Free Mind: Belief in Substance Dualism and Reductive Physicalism Differentially Predict Belief in Free Will and Determinism. *Consciousness and Cognition*, 63: 280–293.

Frankfurt, H. G. (1969) Alternate Possibilities and Moral Responsibility. *The Journal of Philosophy*, 66(23): 829–839.

Frankfurt, H. G. (1971) Freedom of The Will and The Concept of a Person. *The Journal of Philosophy*, 68(1): 5–20.

Kane, R. (1999) Responsibility, Luck, and Chance: Reflections on Free Will and Indeterminism. *The Journal of Philosophy*, 96(5): 217–240.

Nadelhoffer, T., Shepard, J., Nahmias, E., Sripada, C., and Ross, L. T. (2014) The Free Will Inventory: Measuring Beliefs About Agency and Responsibility. *Consciousness and Cognition*, 25: 27–41.

Nahmias, E., Coates, J., and Kvaran, T. (2007) Free Will, Moral Responsibility, and Mechanism: Experiments on Folk Intuitions. *Midwest Studies in Philosophy*, 31: 214–242.

Nahmias, E., Morris, S., Nadelhoffer, T., and Turner, J. (2005) Surveying Freedom: Folk Intuitions About Free Will and Moral Responsibility. *Philosophical Psychology*, 18(5): 561–584.

Nahmias, E., and Murray, D. (2011) Experimental Philosophy on Free Will: An Error Theory for Incompatibilist Intuitions. In J. Aguilar et al. (eds.), *New Waves in Philosophy of Action*. London: Palgrave Macmillan, pp. 189–216.

Nichols, S., and Knobe, J. (2007) Moral Responsibility and Determinism: The Cognitive Science of Folk Intuitions. *Noûs*, 41(4): 663–685.

Martin, N. D., Rigoni, D., and Vohs, K. D. (2017) Free Will Beliefs Predict Attitudes Toward Unethical Behavior and Criminal Punishment. *Proceedings of The National Academy of Sciences*, 114(28): 7325-7330.

Miller, J. S., and Feltz, A. (2011) Frankfurt and the Folk: An Experimental Investigation of Frankfurt-Style Cases. *Consciousness and Cognition*, 20(2): 401-414.

Monroe, A. E., Dillon, K. D., and Malle, B. F. (2014) Bringing Free Will Down to Earth: People's Psychological Concept of Free Will and Its Role in Moral Judgment. *Consciousness and Cognition*, 27: 100-108.

Monroe, A. E., and Malle, B. F. (2010) From Uncaused Will to Conscious Choice: The Need to Study, Not Speculate About People's Folk Concept of Free Will. *Review of Philosophy and Psychology*, 1(2): 211-224.

Monroe, A. E., and Malle, B. F. (2014) Free Will without Metaphysics. In A. Mele (ed.), *Surrounding Free Will: Philosophy, Psychology, Neuroscience*. Oxford: Oxford University Press, pp. 25-48.

Murray, D., and Nahmias, E. (2014) Explaining Away Incompatibilist Intuitions. *Philosophy and Phenomenological Research*, 88(2): 434-467.

Paulhus, D. L., and Carey, J. M. (2011) The FAD–Plus: Measuring Lay Beliefs Regarding Free Will and Related Constructs. *Journal of Personality Assessment*, 93 (1): 96-104.

Pereboom, D. (2001) *Living without Free Will*. Cambridge, MA: Cambridge University Press.

Rakos, R. F., Laurene, K. R., Skala, S., and Slane, S. (2008) Belief in Free Will: Measurement and Conceptualization Innovations. *Behavior and Social Issues*, 17(1): 20-40.

Rigoni, D., Kühn, S., Gaudino, G., Sartori, G., and Brass, M. (2012) Reducing Self-Control by Weakening Belief in Free Will. *Consciousness and Cognition*, 21(3): 1482-1490.

Rose, D., and Nichols, S. (2013) The Lesson of Bypassing. *Review of Philosophy and Psychology*, 4(4): 599-619.

Shariff, A. F., Greene, J. D., Karremans, J. C., Luguri, J. B., Clark, C. J., Schooler, J. W., Baumeister, R. F., et al. (2014) Free Will and Punishment: A Mechanistic View of Human Nature Reduces Retribution. *Psychological Science*, 25(8): 1563-1570.

Sommers, T. (2010) Experimental Philosophy and Free Will. *Philosophy Compass*, 5 (2): 199-212.

Strawson, G. (1986) *Freedom and Belief*. Oxford: Oxford University Press.

Van Inwagen, P. (1983) *An Essay on Free Will*. Oxford: Oxford University Press.

Vohs, K. D., and Schooler, J. W. (2008) The Value of Believing in Free Will: Encouraging A Belief in Determinism Increases Cheating. *Psychological Science*, 19(1): 49-54.

Watanabe, T., Ota, K., and Karasawa, K. (2019) How Do Japanese Conceptualize Free Will? *Journal of Human Environmental Studies*, 17(1): 79-84.

Widerker, D., and Mckenna, M. (2003) *Moral Responsibility and Alternative Possibilities: Essays on The Importance of Alternative Possibilities*. Aldershot: Ashgate Press.

Wisniewski, D., Deutschländer, R., and Haynes, J. D. (2019) Free Will Beliefs Are Better Predicted by Dualism Than Determinism Beliefs Across Different Cultures. *Plos One*, 14(9): E0221617.

Wolf, S. (1990) *Freedom Within Reason*. Oxford: Oxford University Press.

Woolfolk, R. L., Doris, J. M., and Darley, J. M. (2006) Identification, Situational Constraint, and Social Cognition: Studies in the Attribution of Moral Responsibility. *Cognition*, 100(2): 283-301.

渡辺匠・太田紘史・唐沢かおり (2015)「自由意志信念に関する実証研究のこれまでとこれから」『社会心理学研究』31(1): 56-69.

渡辺匠・松本龍児・太田紘史・唐沢かおり (2016)「一般的・個人的自由意志尺度 (Free Will And Determinism Scale: FWDS) 日本語版の作成」『パーソナリティ研究』24(3): 228-231.

第5章 | 行為の実験哲学

笠木雅史

5.1 行為の哲学と意図的行為

　行為の哲学で長年顕著な活躍を続けているアルフレッド・ミーリーが1990年代初頭に書いた行為の哲学についての概説は、「行為の哲学の中心には、意図的行為を理解したいという関心がある」（Mele 1992a, p. 199）という言葉から始まる。行為の哲学の問題圏は90年代以降、メタ倫理学や認識論などの他分野との接続が進む形で拡大したが、この拡大した問題圏も意図的行為についての関心と密接に関連しており、この言葉は現在も依然として正しいだろう。他方、行為の哲学において大きく変化したのは、実験哲学や道徳心理学といった経験的分野が重要な貢献を行うようになったことである。そして、この変化に大きく寄与したのは、ジョシュア・ノーブによる、行為が意図的かどうかについてのわれわれの判断に生じるある非対称性の発見である。この非対称性は、ノーブの名前をとって「ノーブ効果（Knobe effect）」、あるいは「副作用効果（side-effect effect）」と呼ばれる。

　ノーブ効果は、従来の行為の哲学だけでなく、行為についての常識的な考え方（素朴心理学）にも大きな変更をせまる重大なものだと考える者が多い。このため、ノーブ効果とそれに関連する現象は、実験哲学の中で最も活発に研究されている。さらに、これらの研究は、実験哲学が分野として確立される過程でも大きな役割を果たした。実験哲学の意義を考える場合、従来の哲学の方法論に対する批判的意義（否定的プログラム）、従来の哲学の補完としての意義（肯定的プログラム）、哲学的な事柄についての判断の心理プロセスを探究すると

いう意義（認知科学としての実験哲学）という、大別して3種類の理解が存在する。ノーブ効果についての研究をどのように理解するかについての完全な合意は存在しないが、少なくとも、単なる否定的プログラムを超えて、実験哲学の積極的意義を確立した代表的な研究であることは間違いない。

　ノーブ効果とそれに関連する現象についての研究は、行為の哲学における意図的行為についての関心を拡張することで、実験哲学の分野としての確立に貢献したという点で大きな意義を持つ。そこで、本章では、ノーブ効果の発見以前・以後の行為の哲学の歴史も含め、ノーブ効果とそれに関連する現象についての研究を紹介する（ただし、膨大な量の研究が存在するため、本章ではその一部のみを取り上げる）[1]。まず、5.2節では、ノーブ効果の発見以前の伝統的な行為の哲学における意図的行為についての研究がどのようなものであったのかを概説する。5.3節では、ノーブ効果の発見に至る研究史を伝統的哲学と経験的探究の交流の歴史として記述し、その後、ノーブ効果についての研究を含むノーブの初期の研究について解説する。ノーブ効果の発見は、行為の哲学・実験哲学に、さまざまな新しい研究課題を生み出した。5.4節では、それぞれの研究課題についての研究の現状を簡単にまとめる。最後に5.5節では、ノーブ効果と関連する現象についての研究の意義について、もう一度振り返る。

5.2　伝統的な行為の哲学

意図的行為の必要十分条件の分析——理由説と意図説

　5.1節で引用したミーリーの概説によれば、行為の哲学における意図的行為に関する主要問題の1つは、「意図的に行為するとはどのようなことか」というものであった。この問題への回答は、さまざまな事例についての直観的判断を検討することで、ある行為が意図的であるための必要十分条件を特定することにより与えられることが多い[2]。こうした直観的判断がわれわれの概念的能

---

1)　ノーブ効果と関連する現象の研究に関しては、すでにいくつかの概説が存在する（Alexander 2012, Ch. 3; Cova 2016; Feltz 2007; Mukerji 2019, Ch. 3.3; Knobe 2010）。本章の執筆にあたり、これらの概説を参考にした。

2)　ただし、哲学者はしばしば、自分の直観的判断がなぜ正しいのかについての理由も提示している。この意味で、こうした事例を用いる探究が直観的判断にのみ依拠していると考えることは、

力を反映したものだと考える哲学者は、さらに、こうした方法で意図的行為の
必要十分条件が正しく特定されたならば、それは概念的（分析的）真理である
と考えてきた。90 年代までの哲学において提示された意図的行為の必要十分
条件の分析のうち、代表的なものが以下の理由説と意図説である[3]。

　　理由説：行為者 A が意図的に行為 E を行うのは、D したいという欲求と E
　　　がその欲求を満たす効果的な手段であるという信念を理由として E する
　　　場合であり、その場合のみである
　　意図説：行為者 A が意図的に行為 E を行うのは、A が E しようという意図
　　　を持って E する場合であり、その場合のみである

　理由説にせよ意図説にせよ、行為の哲学では、欲求や信念、意図といった行
為者の心的状態を、意図的行為のための中心的条件だと考えてきた。つまり、
行為者の心的状態によって、意図的行為と意図的でない行為を区別することが
できると想定した上で、どのような心的状態がその区別のために必要かつ十分
かを考察してきたのである。そして、哲学の他の分野と同様に、行為の哲学で
も、理由説や意図説に反例は存在するのか、存在するとすればどのように反例
に対処するべきなのかという点について、多くの議論が行われた。

理由説・意図説への反例――予期される副作用とスキル

　理由説・意図説に対しては多くの反例が提示されたが、ここでは両者に共通
する反例を 2 つ紹介しておく。第一の例は両者が与える必要条件に対する反例
であり、第二の例は十分条件に対する反例である。これらの事例を最初に提示
したのはギルバート・ハーマンであるが、後にミーリーが反例としてより明確
に整理した[4]。

哲学の実践に対する偏った理解を与えかねない。哲学実践をどのように理解すべきかという点に
　ついては、メタ哲学において現在盛んに議論されている（Cappelen (2012), Deutsch (2015) など
　を参照のこと）。
3)　実験哲学からの理由説についての検討として、Knobe and Kelly (2009) がある。
4)　ここでは、スナイパー事例、射撃事例をミーリーの整理に即して記述した。これらの事例につ
　いて、ミーリーはさまざまな立場を検討しつつ、幾度も詳細に論じている（Mele 1992a; 1992b,

　スナイパー事例：スナイパーが、そうすれば敵に自分の存在を警戒させると
　　予期しつつも、敵に向けて弾丸を発射する。弾丸を発射することで敵を警
　　戒させるというリスクがあるが、射殺できればそのリスクに見合うからで
　　ある。スナイパーはあくまでも敵を射殺しようと欲求し、またそれを意図
　　しているのであり、敵を警戒させようと欲求したり、意図しているわけで
　　はない。(Harman 1976, p. 433; 1986a, p. 89; 1986b, pp. 365-366)

　射撃事例：賞金を得るために、素人が、射撃場で離れた的の中心を撃ち抜こ
　　うとしている。素人は賞金を獲得したいと欲求し、またそれを意図してお
　　り、的の中心を撃ち抜くことがその欲求を満たす手段であると信じている。
　　しかし、素人は思いのままに狙ったところに弾を当てることができるほど
　　の射撃スキルはなく、当たったとすれば幸運に助けられただけである。中
　　心を撃ち抜くとは予期してはいなかったものの、素人が的の中心をねらっ
　　て発砲したところ、幸運にも弾は的の中心に命中した。(Harman 1976, pp.
　　433-434; 1986a, pp. 89-90; 1986b, pp. 365-366)

　まず、ハーマンによれば、スナイパー事例において、スナイパーはあくまで
も敵を射殺しようと欲求し、意図しているのであり、敵に自分の存在を警戒さ
せようとは欲求も意図もしていない。しかしながら、スナイパーが敵を警戒さ
せると予期しつつ弾丸を発射したとき、意図的に敵に自分の存在を警戒させた
とハーマンは判断する。スナイパー事例において、スナイパーの行為は、敵を
射殺するという主作用（主要な結果）以外に、敵を警戒させるという予期され
た副作用（副次的結果）を伴っている[5]。行為者が自分の行為を通じて欲求した
り、意図しているのはあくまでも主作用のみであるが、その行為が意図的に行
われ、行為者自身がその行為の副作用も自覚しているため、行為者は意図的に
副作用をもたらしたというのが、ハーマンの見解である。このハーマンの判断
が正しければ、スナイパー事例は、欲求や意図を伴わない意図的行為の事例で
あり、意図説・理由説両者の与える必要条件への反例となる。

　Ch. 8; 2001; Mele and Moser 1994; Mele and Sverdlik 1996)。

5)　本章では以下慣例に倣い、"main-effect" と "side-effect" をそれぞれ「主作用」、「副作用」と訳
　　す。しかし、これらが出来事や行為の結果を指す語であるということは留意しておく必要がある。

　つぎに、ハーマンによれば、射撃事例において、素人は意図的に的の中心を撃ち抜いたとは判断できない。素人は、自分の射撃スキルのなさを自覚しており、自分の弾丸が的の中心に当たるとは予期していない。しかし、素人が賞金を得ようと欲求し、また意図する限りで、自分の信じるその手段を行うことも欲求し、また意図するはずであり、関連する信念も持っているとミーリーは判断する。これらの判断が正しければ、射撃事例は、欲求と信念、意図を伴う意図的ではない行為の事例であり、理由説・意図説両者の与える十分条件への反例となる。

　このように、スナイパー事例や射撃事例が理由説・意図説についての反例となるかどうかは、これらの事例における意図的行為と欲求や信念、意図についての特定の判断が正しいかどうかに依存する。そして、ハーマンやミーリーなどの哲学者は、自分とは異なる判断を持つ人もいることを認めている。実のところ、スナイパー事例について、スナイパーは意図的に敵を警戒させたとは言えないとミーリーは主張し、ハーマンの判断に反対する。また、ハーマンは自分の弾丸が的の中心に当たると予期していない素人は、そうする意図を持っていないと考えるため、射撃事例についてもハーマンとミーリーの判断は異なる。異なる判断を持つ人に対し、事例を部分的に修正することで自分のものと合致する直観的判断を引き出そうとミーリーは試みるが、最終的には、「自分はこの問題に決着をつけるどんな方法も知らない」（Mele 1992a, p. 206）と述べる。この発言が示すように、事例についての自分自身の直観的判断にのみ訴えることで分析を進める方法の限界は、行為の哲学では 90 年代までに認識されていた[6]。

5.3　行為の実験哲学の開始とノーブ効果の発見

　伝統的な行為の哲学では、哲学の他の分野同様に、さまざまな事例とそれについての哲学者の直観的判断を考察することで、意図的行為の必要十分条件を

---

6)　ただし、注 2 で述べたように、哲学実践は直観的判断にのみ依拠しているわけではない。スナイパー事例や射撃事例についての議論でも、ハーマンやミーリーは自分の判断が正しいとする理由や、自分以外の判断を批判する理由を提示している。

分析することが行われてきた。哲学を概念分析として理解するならば、行為の哲学のこのような試みは、意図的行為という概念の内容を分析する試みだと言うことができる。他方、ノーブは、自身の研究を含むノーブ効果についての実験哲学を、概念についての研究ではなく、心理プロセスそのものの研究であると位置づけている（Knobe 2016; Knobe and Nichols 2008）。しかし、ノーブは公式にはこうした実験哲学理解を表明する一方で、自分の研究を経験的方法を用いた概念の探究と位置づけていることも多い。こうしたノーブの自己理解の揺れ動きを評価するには、彼自身の研究と伝統的な行為の哲学との交流を考慮する必要がある。本節では、ノーブ効果の発見に至るまでの伝統的哲学と経験的探究の交流史と、それ以降のノーブの研究について解説する。

ノーブ効果前史──ハイダーの影響下でのマレとノーブによる意図性概念の経験的分析

哲学だけでなく、社会心理学や発達心理学でも、意図的行為は研究対象とされてきた。心理学において、フリッツ・ハイダーの『対人関係の心理学』（Heider 1958）以降顕著になったのは、単なる対象の認知とは異なる社会的認知の研究の一環として、他者の行動の意図性についての認知を経験的に探究するという方向性である。このような方向性の研究は、より正確には、他者の行動を観察し、それに意図性を含むさまざまな性質や傾向性を帰属する際の、われわれの心理メカニズムを解明しようとするものである[7]。

ハイダー以降の心理学における意図性の研究はこのような方向で展開されたが、『対人関係の心理学』自体は、「人間相互の関係を特徴づける根本的な諸概念とその組み合わせのパターンのいくつかを同定し、定義する」ことと、科学的心理学の知見を活用することによって、こうした素朴心理学の諸概念を「洗練し、互いに関連づける」（ibid., p. 9）という概念の体系化を目的としていた。つまり、素朴心理学の諸概念の分析と解明を目的としていたのである[8]。この

---

7) こうした心理学の研究は、「帰属理論（attribution theory）」と呼ばれている。帰属理論の歴史については、Malle（2004, Ch. 1）を参照のこと。

8) ハイダーは心理学の研究に加え、多くの哲学の研究を参考にしており、概念の分析については Ryle（1949）、概念の解明については Carnap（1945）の考え方を明示的に参照している。

ような目的を掲げた一方で、ハイダー自身は、素朴心理学の使用者である一般
の人々に対する経験的調査を行ったわけではなかった。ハイダーの計画を引き
継ぎ、特に「意図的行為」あるいは「意図性」という素朴心理学の概念につい
ての分析を経験的方法によって遂行しようとしたのが、心理学者バートラム・
F・マレとノーブが共同で刊行した Malle and Knobe（1997）である[9]。

　Malle and Knobe（1997）は、アメリカの 2 つの大学の心理学入門の講義受
講者（N＝159）に、「誰かがある行為を意図的に遂行したとあなたが言うとき
に、それは何を意味していますか」と質問し、回答を 4 行以内で記述するよう
に求めた。この実験で得られた回答は、彼らが「意図的に」と同義だと見なし
た「故意に」に相当する語を含む回答を除外した後、コード化され分類された
（20 人の実験参加者の回答が同義語のみを含んでいたため除外された。また、異なる分
類を受ける複数の要素を参加者の回答が含んでいる場合もあった）。この結果、素朴
心理学における意図的行為という概念の構成要素として、欲求、信念、意図、
意識の 4 つの要素が特定された。ただし、この実験では、心理学の先行研究で
しばしば意図性の構成要素とされてきたスキルという要素が検出されなかった。
そのため、マレとノーブは、ある行為を成功させるためのスキルを行為者が持
っていないという事例を参加者に提示し、その行為者が意図的であるという直
観的判断を持つかどうかを別の実験によって調査した。この実験では、多くの
実験参加者が意図的行為ではないという判断を下したため、スキルも構成要素
に加えられた。こうして特定された、欲求、信念、意図、意識、スキルという
意図性概念の 5 つの構成要素は、より詳しくは以下のようなものである。

〈欲求〉：行為者が行為のある結果を欲求する
〈信念〉：行為者は行為がその結果を生み出すと信じている
〈意図〉：行為者がその行為を遂行しようと意図する
〈意識〉：行為者が（行為の瞬間に）その行為を遂行していると意識している
〈スキル〉：行為者がその行為によってその結果を生み出すことに成功する確
　　　率が高い

9）　Malle and Knobe（1997）は、自分たちの研究の目的を概念の解明と記しているが、ハイダーが
　用いたカルナップの意味での解明とは異なるため、概念の分析とするほうが適切である。

　マレとノーブは、さらにいくつかの実験を行った上で、意図性概念のこれら5つの構成要素の関係を以下のように整理した。まず、〈欲求〉と〈信念〉は、行為者が〈意図〉を満たすための必要条件である。つまり、ある行為者がある行為を遂行しようという意図を持つためには、その行為の特定の結果に対する欲求と、その行為がその結果を生み出すという信念を行為者が持っている必要がある。しかし、行為者がその行為を遂行しようという意図を持っていたとしても、行為者がその行為を意図的に行うことにはならない。意図的行為の必要条件は、〈意図〉に加え、〈意識〉と〈スキル〉である。意図的にある行為を行うためには、その行為を遂行するという意図を持つことに加え、その行為の瞬間に自分がその行為を遂行しているという意識を持ち、さらにその行為によって達成しようと欲求していた結果を実現する確率が高い（実現のためのスキルを持っている）という条件が満たされる必要があるのである。

　マレとノーブの研究で示唆された意図性概念の構成要素は、5.2節で紹介した伝統的哲学の議論で指摘された意図的行為の必要条件と合致するものである。彼らの研究は、意図性概念の分析を経験的に補完するものであるという点で、行為の哲学の研究者たちからも高く評価された。たとえばミーリーはこの研究を「革新的（ground-breaking）」と評している（Mele 2001, p. 28）。他方、ミーリーは同時に、伝統的な行為の哲学での議論を踏まえつつ、マレとノーブの研究の不十分な点について検討も行い、将来のより十分な経験的調査に資するような事例をパターン別に記述している。ミーリーはいくつもの示唆を行っているが、特に重要なものをまとめると、以下の3点である。

(a)スナイパー事例は、〈欲求〉、〈信念〉、〈意図〉が満たされない事例であるとされてきた。しかし、ミーリー自身は、スナイパーは敵を警戒させることを目指してはいないため、それを意図的に行っているとは言えないと考える。この点を一般化すれば、行為者が予期しているが、目指してはいない行為の副作用を、行為者は意図的にもたらすのではない。この点について、一般の人々の直観的判断を調査することが望ましい。

(b)〈スキル〉は行為の成功の確率がどの程度高いときに満たされるのかという基準を特定していないが、この点は事例ごとに異なる可能性があり、意

図性概念の曖昧さを捉えるものとなっている。特に、道徳的に悪いとされる行為を行い、非難に値するときは基準が下がり、〈スキル〉が満たされると直観的に判断されやすくなると考えられる。この点も経験的に調査されることが望ましい。

(c)行為が道徳的に悪いかどうかといった道徳的条件は、意図性概念の構成要素ではない。しかし、道徳的に悪い行為を意図的だと直観的に判断する人は多いかもしれない。そうした人は、(c1) 意図的ではないが非難に値するという選択肢を与えられていないだけか、(c2) 意図的行為のみが非難に値するという誤った一般的信念を持っている可能性がある。これらの点を統制した経験的調査が行われることが望ましい。

行為の副作用についての意図性判断の非対称性（ノーブ効果）──(a)の検証

ミーリーが示唆した3つの点について、ノーブはそれを検証するために2つの研究（Knobe 2003a; 2003b）を行った。そのうちの1つ（Knobe 2003a）が、ノーブ効果の発見を報告する論文である。この論文は、ミーリーの示唆した(a)を調査するためにデザインされた実験の報告である。この実験では、アメリカ・ニューヨーク市のある公園内で集められた参加者（N＝78）が、ランダムに以下の事例のどちらかを提示され、質問に回答した。

環境改善事例：ある会社の副社長は会長のところに行き、「新たなプロジェクトを始めようと考えています。新プロジェクトは会社の利益増大の助けになり、そして自然環境の改善につながります」と言った。会長は答えて、「私にはそれが環境に良いかどうかはどうでもよい。私はできる限りの利益を得たいだけだ。新プロジェクトを始めようではないか」と言った。彼らは新プロジェクトを開始した。予想通り、環境は改善した。

環境悪化事例：ある会社の副社長は会長のところに行き、「新たなプロジェクトを始めようと考えています。新プロジェクトは会社の利益増大の助けになりますが、しかし自然環境の悪化につながります」と言った。会長は答えて、「私にはそれが環境に悪いかどうかはどうでもよい。私はできる限りの利益を得たいだけだ。新プロジェクトを始めようではないか」と言

った。彼らは新プロジェクトを開始した。予想通り、環境は悪化した。

　環境改善事例を提示された参加者は、「会長の行為はどの程度賞賛に値する
のか」を7段階（0～6）で評価し、かつ「会長は意図的に環境を改善した」と
考えるかを「はい・いいえ」の2件法で選ぶように求められた。同様に、環境
悪化事例を提示された参加者は、「会長の行為はどの程度非難に値するのか」
を7段階（0～6）で評価し、かつ「会長は意図的に環境を悪化させた」と考え
るかを「はい・いいえ」の2件法で選ぶように求められた。
　両事例は、「環境改善」と「環境破壊」という語句の使用について異なる以
外、他の点では一見したところ相違は存在しない。しかし、参加者の直観的判
断は、両事例間で大きく異なっていた。環境改善事例を提示された参加者の
77%が、「会長は意図的に環境を改善した」という選択肢を選ばなかったのに
対し、環境悪化事例を提示された参加者の82%が「会長は意図的に環境を悪
化させた」という選択肢を選んだ。類似した事例ペア（指揮官が部下を率いて丘
陵頂上を占領しようとするが、その副作用として部下が救助・殺害されることが予期さ
れる。しかし、指揮官の関心は、丘陵頂上の占領のみにある）を用いた追試も行われ、
同様の結果が得られた。これら2つの実験の総計では、行為の副作用が道徳的
に良い事例についての称賛の評価の平均値は1.4、道徳的に悪い事例について
非難の評価の平均値は4.8と大きく異なっており、行為の副作用についての評
価の大きさと意図性判断は有意に相関していた。
　他の点では一見異ならない行為について、その行為の副作用が道徳的に悪い
場合には行為者が意図的にそれをもたらしたと判断されやすく、道徳的に良い
場合は意図的にもたらしたのではないと判断されやすいという、意図性判断の
非対称性が「ノーブ効果」である（ただし、「ノーブ効果」をどのように特徴づける
べきかについては異論もあり、5.4節で紹介する）。ノーブ効果を素直に理解すれば、
行為者の欲求や信念、意図などの心的状態が一定でも、行為の副作用の善・悪
によって意図性判断に非対称性が生じることになる。非対称な判断を両者とも
正しいと認めることは、ミーリーの(a)のような意図的行為についての特定の哲
学的見解を否定するだけでなく、従来の行為の哲学で広く共有されていた「行
為が意図的かどうかは、行為者の心的状態によってのみ決定される」という想

定に反する。そのため、ノーブ効果は大きな反響を呼び、実験哲学を活性化し
ただけでなく、その外でも広く議論されるようになった。

非難可能性・スキルと意図性判断の関係——(b)と(c)の検証

ノーブがミーリーの示唆をうけて行った2つ目の研究（Knobe 2003b）は、4
つの実験を含むものであり、そのうちの3つの実験は、ミーリーの指摘した(b)、
(c1)、(c2) をそれぞれ調査するためにデザインされている。最初の実験では、
ニューヨーク市の公園内で集められた参加者（N＝80）に、以下の事例のうち
の1つがランダムに提示された。

達成・スキル事例：ジャックは射撃コンテストで優勝したいと切実に欲求し
　　ている。優勝するのは、自分が的の中心を撃ち抜くことができたときだけ
　　だと彼は知っている。ジャックはライフルを掲げ、的の中心を視界に捉え、
　　そして引き金を引く。ジャックは熟練の砲撃手であり、彼の手つきは安定
　　しており、狙いは完璧である。弾丸はまっすぐに中心を打ち抜き、ジャッ
　　クはコンテストに優勝した。

達成・非スキル事例：ジャックは射撃コンテストで優勝したいと切実に欲求
　　している。優勝するのは、自分が的の中心を撃ち抜くことができたときだ
　　けだと彼は知っている。ジャックはライフルを掲げ、的の中心を視界に捉
　　え、そして引き金を引く。しかし、ジャックはライフルの扱いがさほどう
　　まいわけではない。彼の手は銃身を揺らし、発砲は不精確なものとなる。
　　しかし、弾丸はまっすぐに中心を打ち抜き、ジャックはコンテストに優勝
　　した。

悪行・スキル事例：ジャックはより多くの金銭を得たいと切実に欲求してい
　　る。多額の金銭を得ることになるのは、自分の叔母が死亡するときだけだ
　　と彼は知っている。ある日、彼は叔母が窓のそばを歩いているのを見つけ
　　る。ジャックはライフルを掲げ、彼女を視界に捉え、そして引き金を引く。
　　ジャックは熟練の砲撃手である。彼の手つきは安定しており、狙いは完璧
　　である。弾丸はまっすぐに叔母の心臓を打ち抜き、彼女は即座に死亡した。

悪行・非スキル事例：ジャックはより多くの金銭を得たいと切実に欲求して

いる。多額の金銭を得ることになるのは、自分の叔母が死亡するときだけだと彼は知っている。ある日、彼は叔母が窓のそばを歩いているのを見つける。ジャックはライフルを掲げ、彼女を視界に捉え、そして引き金を引く。しかし、ジャックはライフルの扱いがさほどうまいわけではない。彼の手は銃身を揺らし、発砲は不正確なものとなる。しかし、弾丸はまっすぐに叔母の心臓を打ち抜き、彼女は即座に死亡した。

　2つの達成事例のいずれかを提示された参加者は、「ジャックは意図的に的の中心を撃ち抜いたか」という質問に回答し、2つの悪行事例のいずれかを提示された参加者は、「ジャックは意図的に叔母を殺害したか」という質問に回答した。達成・スキル事例、達成・非スキル事例では、それぞれ79%、28%の参加者が「はい」と回答し、スキルの所有が意図性判断と相関していた。しかし、悪行・スキル事例、悪行・非スキル事例では、それぞれ95%、76% が「はい」と回答し、スキルの有無と意図性判断は相関していなかった。

　この実験結果は、ミーリーが(b)を指摘した際に、すでに予測していたことである。しかし、ミーリーは同時に、こうした結果は意図性概念を反映するものではないとして、(c1)、(c2)の可能性に言及してもいた。ノーブは続く実験において、達成・スキル事例と悪行・スキル事例のどちらかを提示し、行為が意図的かどうかをたずねる質問と、どの程度その行為が称賛・非難に値するかの評価を求める質問を行った（選択肢は、Knobe（2003a）とほぼ同一である）。この2つの質問への回答を通じて、参加者は、行為は意図的ではないが非難に値するという意見を表明することができるはずであるが、結果は先の実験と同様に、両方の事例で意図的と判断する参加者が多く、しかも悪行・スキル事例では、大きな非難に値すると判断した者が多かった。この結果により、意図的ではないが非難に値するという選択肢を与えられていないために、意図的行為という選択肢を選んでいるだけだとするミーリーの仮説（c1）は否定されると、ノーブは主張する。

　さらに、ミーリーの仮説（c2）を検証するために、ノーブは続いてつぎのような実験も行った。ミーリーが（c2）を検証するために提案したのは、泥酔した運転手が気づかないまま5人の家族を轢き殺すという事例と悪行・非スキ

事例の間で、意図性判断と非難の大きさについての判断が異なるかを調査することである。飲酒運転の事例では、意図的ではないが大きな非難に値すると答えた参加者が多かったのに対し、悪行・非スキル事例については意図的であり、大きな非難に値するとする参加者が多かった。この結果を受け、ノーブは、人々は意図的行為のみが非難に値するという一般的信念を持っていないとして、(c2) を退ける。

概念の経験的分析から心理プロセスの探究へ

初期の一連の実験を通じ、素朴心理学における意図性の概念についてつぎのような主張をノーブは行った。ハイダー以来、素朴心理学の機能は行動の説明と予知にあるとされてきた。ノーブは、素朴心理学はこれらの機能に加えて規範的な機能も持つと主張する。より具体的には、ノーブは、意図性という概念の機能の1つが、「称賛と非難についての判断に最も関連する心理的な特徴を追跡する」（Knobe 2006, p. 225）ことであると考える。

判断者が行為のある結果は悪いと見なす場合、行為者がその結果をもたらそうと試みるかどうかと、行為者が自分の行為がその結果をもたらすと予測しているかどうかが、非難についての判断に関連する。他方、判断者が行為のある結果は良いと見なす場合、行為者がその結果を予測しているかどうかは称賛についての判断に関連せず、行為者がそれをもたらそうと試みるかどうかのみが関連する。判断者が行為者の行為の結果は道徳的に中立的だと見なす場合、行為者がそれを試みるかどうかに加え、その結果をもたらすスキルを持っているかどうかが、称賛についての判断に関連する。このように、行為者のどのような心的特徴が非難・称賛についての判断に関連するかは、事例ごとに異なる。ノーブの説明によれば、こうした事例ごとに異なる特徴への反応に基づき意図性判断が行われるために、行為者の心的状態が異ならないとしても、事例間でノーブ効果のような非対称性が判断者に生じることになるのである。

ノーブは初期の頃（Knobe 2003a; 2003b）から 2000 年代の前半まで、自身の研究を Malle and Knobe（1997）の延長線上にある、素朴心理学における意図性概念の経験的な分析を行うものと位置づけていた。その後、ノーブ効果を生み出す判断の心理プロセスの研究を重視するようになる過程で、ノーブは自身

のものを含む実験哲学の多くの研究についての理解を変更し、概念とは関わりを持たず、心理プロセスを研究する認知科学としての実験哲学に属するものとして徐々に位置づけ直すことになる（Knobe 2016; Knobe and Nichols 2008）。ただし、ノーブ効果を意図性概念に組み込まれているものとする見解は、後年の著作（たとえば、Knobe 2010; Pettit and Knobe 2009）でも見られることがあり、ノーブの理解の揺れ動きを示している。意図性判断に導く特徴は事例ごとに異なるという主張も、当時はそれほど明確に位置づけられていたわけではないが、道徳的善・悪の判断から意図性判断に至る心理プロセスのモデルを構築するという試みの中で行われたものである。5.4節の(3)で述べるように、ノーブ効果の研究が拡大するにつれ、ノーブは意図性判断に導く心理プロセスのモデルを修正し続けている。

5.4　ノーブ効果の発見以後の研究課題

　ノーブの研究は、行為の哲学・実験哲学にいくつかの新しい研究課題を生み出した。ノーブ効果に関連する研究においては、複数の課題が同時に追究されることもあるが、少なくとも6つの課題を区別することが可能である。

(1)ノーブ効果はどのような集団において生じるのか
(2)ノーブ効果が生じる判断にはどのようなものがあるのか
(3)ノーブ効果は対となる事例のどのような相違によって生じるのか
(4)ノーブ効果とはどのような効果なのか
(5)ノーブ効果を生じさせる心理プロセスはどのようなものなのか
(6)ノーブ効果は素朴心理学の概念の構成要素なのか

　ノーブ効果に関連する研究は膨大な量となるため、すべてを紹介することはできないが、それぞれの課題についての研究の現状を簡略にまとめることにする。

⑴ノーブ効果はどのような集団において生じるのか

　ノーブ効果は何度も再現性が確認された、きわめて頑健な心理現象である。しかし、多くの研究は英語圏で行われたため、実験参加者は英語圏の一部地域の住人であり、年齢層もある程度の範囲に収まっている。また、英語を使用して実験が行われることが多いため、英語の使用者のみに参加者が制限されることも多い。他の社会集団においても同様にノーブ効果が生じるのかという課題は、ノーブ効果の普遍性、頑健性を確かめるためにも必要である。

　これまでに、イタリア語（Michelin et al. 2010; Pellizzoni et al. 2009; 2010）、ヒンディ語（Clark et al. 2017; Knobe and Burra 2006）、ドイツ語（Dalbauer and Hergovich 2013; Lau and Reisenzein 2016）、ポーランド語（Zyglewicz and Maćkiewicz 2019）、中国語（Lin et al. 2019）、日本語（Mizumoto 2018; Nakamura 2018）で、これらの言語の話者に対するノーブ効果の有無を検証する実験が行われている。また、サモサ共和国、バヌアツ共和国、コスタリカ共和国、メキシコ、グアテマラ、ホンジュラス共和国、韓国の現地語を用いた大規模な比較調査もある（Robbins et al. 2017）。これらの実験のほとんどで、英語話者と同様の効果が再現されたが、ヒンディ語話者は英語話者に比べて、環境改善事例を意図的行為の事例だと判断する割合が高いという結果（Clark et al. 2017）や、サモサ共和国、バヌアツ共和国の言語使用者では、ノーブ効果が逆転し、環境改善事例の方が環境悪化事例よりも意図的行為の事例だと判断されやすかったという結果（Robbins et al. 2017）も報告されている。また、1つのドイツ語の実験（Lau and Reisenzein 2016）では、ノーブ効果は再現されなかった。

　さらに、ノーブ効果の検証実験は、3〜5歳の幼児を対象としても行われ、その多くで再現されたと報告されている（Rakoczy et al.（2015）とそこに挙げられた先行研究を参照のこと）。また、アスペルガー症候群の患者（Zalla and Leboyer 2011）や、情動機能に障害のある腹内側前頭前野損傷患者（Young et al. 2006）においても再現されたという報告がある。

⑵ノーブ効果が生じる判断にはどのようなものがあるのか

　行為の副作用の相違によって、意図的行為かどうかという判断に非対称性が生じるというのが、ノーブが最初に報告した効果である。しかし、行為の哲学

で議論されてきたように、意図性は、意図、欲求、知識、信念などとも関連する可能性が高い。したがって、行為の副作用の相違は、意図的行為かどうかの判断だけではなく、他の種類の判断にも影響を与えるかどうかを調査することは重要である。

　これまでに、意図についての判断（McCann 2005; Mele and Cushman 2007; Knobe 2004b）、欲求についての判断（Guglielmo et al. 2009; Guglielmo and Malle 2010; Tannenbaum et al. 2007）、決定についての判断、選好についての判断、支持についての判断、選択についての判断（Pettit and Knobe 2009）に関して、程度は異なるものの同様の非対称性が存在するという実験結果が報告された。ほかにも、手段か副作用かの判断（Knobe 2004a）、因果性についての判断（Alicke et al.（2015）に挙げられた関連研究を参照のこと）、知識についての判断（Beebe（2016）に挙げられた関連研究を参照のこと）、信念についての判断（Beebe 2013; Alfano et al. 2012）に関しても、同様の報告がある。

(3)ノーブ効果は対となる事例のどのような相違によって生じるのか

　ノーブの初期の研究では、意図性判断の非対称性は、行為の副作用の道徳的善・悪の相違によって生み出されると考えられていた。しかし、その後の研究の蓄積の中で、(2)で言及したノーブ効果にさらされる判断だけでなく、ノーブ効果を生じさせる事例間の相違にも多くの種類があることが報告されている。（道徳的ではなく）利害上の善・悪の相違（Nadelhoffer 2006; Knobe and Mendlow 2004; Wright and Bengson 2009）、美的な善・悪の相違（Knobe 2004a）、法律遵守・違反の相違（Knobe 2007）、慣習的規範遵守・違反の相違（Alfano et al. 2012）、記述的規範の遵守・違反の相違（Alfano et al. 2012）などである[10]。

　本節の(1)から(3)で記述した研究課題は、3種類の異なる意味でノーブ効果の範囲を測定するという課題である。これらの研究は大部分が別個に行われているため、ノーブ効果の範囲を正確に見定めるには、これらの研究課題を組み合わせた大規模な調査が必要となるだろう。

---

10)　ここでの「記述的規範の遵守・違反」とは、共同体の多くが行っている行為を行うか、行わないかということを意味している。

⑷ノーブ効果とはどのような効果なのか

　⑵と⑶で述べたように、ノーブが初期の研究で発見した非対称性は、その原因についても、その結果としての判断の種類についても、現在までに多くの類似した非対称性が報告されている。これらの効果は、すべて「ノーブ効果」ないし「副作用効果」と呼ばれているが、これらの効果がこのように単一の名前で呼ばれるべき統一的特徴を持つかどうかは明確ではない。そのため、そうした統一的特徴を見出し、「ノーブ効果」とは何かを特徴づけることは、1つの重要な研究課題となる。

　ただし、ここでの課題は、これまで報告されたさまざまな種類の非対称性に統一的な特徴づけを与えることであるとは限らない。というのも、特定の種類の非対称性を報告する研究の実験デザインに不備があるという指摘や、その非対称性の原因が他の非対称性とは異なっているという指摘を行い、その非対称性は、「ノーブ効果」の名のもとで他の非対称性と統一的に扱われるべきものではないと論じることも可能だからである。事実、これまで報告されたすべての種類の非対称性を統一的に扱うことが望ましいと考える者が多い（Cova（2016）が代表的であり、他の支持者にも言及されている）一方で、それに反対する者（Phekan and Sarkissian 2009; Sauer 2014; Hindriks 2014; 2019）もいる。

⑸ノーブ効果を生じさせる心理プロセスはどのようなものなのか

　5.3節で述べたように、ノーブの初期の研究では、意図性判断の心理プロセスは、行為の結果の道徳的善・悪・中立に応じて、異なる特徴に反応する過程を含むものと考えられていた。その後ノーブ効果と類似するさまざまな判断の非対称性が報告されたため、それらにも適用可能な心理プロセスのモデルを構築することは、認知科学としての実験哲学にとって中心的な課題である。現在、さまざまなモデルが提案されており、ノーブ自身も初期とは異なるモデルを提案している。数多くのモデルが提案されているため、有力視されているモデルのみをいくつか紹介しておく[11]。

---

11)　他のモデルについては、注1で挙げたノーブ効果についての研究に関する概説を参照のこと。

基準値変動説：行為者の行為の結果への態度は、強く否定的から無関心、そ
して強く肯定的まで変化しうる度合いを持っている。態度の度合いが基準
値を超えれば行為者は行為の結果に賛成していると判断され、基準値を下
回れば賛成ではないと判断される。行為が良い結果を持つ場合は、肯定し
て然るべきと期待されるために基準値は中間値よりも高いが、行為が悪い
結果を持つ場合は、否定して然るべきと期待されるために基準値は中間値
よりも低い。したがって、良い結果に対する行為者の態度が無関心（中間
値）である場合、行為者の態度は基準値を下回るため、行為者はそれに賛
成していないと判断される。他方、悪い結果への態度が無関心である場合
には、基準値を上回るため、行為者はそれに賛成していると判断される。
そして、行為者が行為の結果に賛成していると判断されれば、意図的にそ
れをもたらしたと判断される（Pettit and Knobe 2009; Knobe 2010; Knobe and
Szabó 2013）。

規範的理由説：行為者がその行為を支持する理由を持っているというだけで
はその行為を意図的に行ったとは判断されないが、行為者がその行為に反
対する理由を持ちながらその行為を行えば、意図的に行為したと判断され
る。行為が良い結果を持つという理由は、行為を支持する理由であり、行
為が悪い結果を持つという理由は、行為に反対する理由である。したがっ
て、後者の理由を持ちながら行為者が行為した場合には、意図的だと判断
される（Hindriks（2019）とそれ以前の Hindriks の研究を参照のこと）。

考察説：行為者が自分は規範に違反するかもしれないと予期している場合、
規範を遵守するかもしれないと予期している場合に比べて、その行為を行
うかどうかについて詳細な考察を行うと判断される。そして、そうした考
察を行った上での行為は、意図的だと判断されやすい（Alfano et al. 2012;
Scaife and Webber 2013）。

多義性説：素朴心理学における意図性という概念は単一ではなく、複数存在
する。事例に応じて異なる概念が選択され適用されるため、異なる意図性
判断が行われる（Cova, Dupoux and Jacob（2012），Lanteri（2013），ならびにこれ
らの論文で挙げられた先行研究を参照のこと）。

会話の含み説：素朴心理学における意図性概念そのものは、規範的な考察と

関係していない。しかし、ある行為者が悪い結果を持つ行為を意図的に行ったと発話することは、その行為が非難に値するという会話の含みを持つ。したがって、その行為は非難に値する行為であると理解され、そのため意図的だと判断されやすい（Adams and Steadman（2007）とそれ以前の彼らの研究、また McCann（2005）を参照のこと）。

　これら以外にもさまざまなモデルが提示されており、さまざまな手法による実験や理論的考察によって、それらの検討が行われている。理論的考察の対象となる点の1つに、本節の(4)で述べた、さまざまな種類の非対称性に統一的な説明を与えることができるかという問題がある。基準値変動説、規範的理由説、考察説は意図性判断以外の判断についても生じる非対称性の多くを説明できる一般的なモデルであるのに対し、他のモデルはそうした一般性を持っていない（この点についての各モデルの比較は、Hindriks（2019）に詳しい）。この点だけから、即座に他のモデルが誤りであるということにはならないが、それらの支持者は、意図性判断以外の判断に生じる非対称性に対し、何らかの形で対応することが必要となる。

　規範的理由説、考察説の利点の1つは、これらのモデルが、意図性判断の非対称性は行為者の異なる心的状態への反応の結果として生じると見なす点である。したがって、これらのモデルは、従来の行為の哲学で広く共有されていた「行為が意図的かどうかは、行為者の心的状態によってのみ決定される」という想定と整合的である。ノーブ効果がこの想定に反する帰結を持つのは、基準値変動説のようなモデルを採用し、非対称な意図性判断は両方とも正しいと想定するときだけであるという点は、ノーブ効果と伝統的哲学の関係を正確に評価するためにも重要である[12]。

(6)ノーブ効果は素朴心理学の概念の構成要素なのか

　実験哲学の大部分は概念の分析ではなく、心理プロセスについての探究を行っているのだと、ノーブは実験哲学理解を変更した。しかし、ノーブ自身もあ

---

12) ただし、基準値変動説の場合でも、このような帰結を持つのは、行為者の賛成ではなく、度合いを持つ行為者の態度を基礎的な心的状態と見なしたときのみである。

る時点までは、自分は概念の分析を行っていると見なしていたのであり、概念分析に資するものとして実験哲学を理解する者は現在でも存在する。ノーブの初期の考えでは、ノーブ効果は、素朴心理学の意図性概念の機能の一部である。これは、より単純に理解するならば、素朴心理学の意図性概念を用いる限り、環境破壊事例は意図的行為の事例であるという判断が概念的に正しいということを意味している。この考えは、本節(5)で述べたように、行為者の心的状態によってのみ意図性は決定されるという、従来の行為の哲学における中心的想定に反するために、受け入れがたいとする哲学者は多い。そうした哲学者は、概念を正しく用いる正常な心理プロセスが、何らかのバイアスによって誤作動したことによりノーブ効果は生じると説明することが多い（Nado（2008）とそこで挙げられた先行研究を参照のこと）。

　会話の含み説は、意図性概念の内容ではなく、会話の含みという語用論的特徴によってノーブ効果を説明するという点で、ノーブ効果を意味論と語用論を混同するバイアスの産物として扱う[13]。他の仮説の多くは、ノーブ効果がバイアスによる誤作動の産物なのか、そうではないのかという点について中立的である。これは、どのような実験を行えば、概念の内容を分析したと言えるのか、つまり参加者の判断が概念を正しく反映したものであると言えるのかは、難しい問題だからである。伝統的な哲学の分析が概念的真理を明らかにしたと言えるのかという点は、常に問題とされてきた。同種の問題は実験哲学に対しても生じるのである（Sauer and Bates 2013）。ノーブの近年の理解では、ノーブ効果を統一的に説明する心理モデルを構築することがノーブ効果についての研究の目的であり、このモデル構築は概念分析とはまったく異なる試みである（Knobe 2016）。このような形で実験哲学を理解する利点の1つは、概念や概念的真理についての煩雑な問題に取り組む必要がないということにあるだろう。

5.5　行為の実験哲学の意義

　本章で解説したように、ノーブ効果の発見の背景には、行為の哲学において

---

13)　ただし、会話の含み説には、(5)で紹介した、報告されたすべての種類の非対称性を説明できないという問題に加え、実験に基づく批判もある（Cova et al. 2016）。

哲学者間でも異なる直観的判断の検証の必要性と、ミーリーが提案した直観的
判断についての体系的な経験的調査の要請という 2 つの動機が存在した。実の
ところ、ノーブ自身が言及しているように、伝統的な行為の哲学の研究には、
ノーブ効果ないしそれに類似する現象を予想していたものも存在する[14]。しか
し、そうした研究で経験的な検証が行われたわけではなく、ノーブの一連の研
究が行為の哲学に経験的な方法をもたらしたことの意義は大きい。またそれ以
上に、ノーブ効果はその後の追試においても何度も再現されたきわめて頑健な
現象であり、現在の行為の哲学では、ノーブ効果を無視して意図的行為につい
ての研究を行うことはほとんど不可能なまでになった。このように、行為の哲
学が実験哲学から得られた経験的な知見を活用するようになったのは、大きな
変化である。

　さらに、ノーブ効果の研究は、認知科学としての実験哲学における最大の成
功例でもある。まず、ノーブ効果の研究は、行為の哲学・実験哲学に多くの新
しい研究課題を生み出したという点で、成功した研究プログラムである。これ
らの課題は、今後の研究の進展の中で、さらに追究されていくはずである。と
りわけ、意図性判断の心理プロセスがどのようなものであるかという課題に関
しては、工夫をこらした実験による調査が次々に行われている。多くの仮説が
提示されており、それらの正しさを検証する方向は今後も続くだろう。

　こうした研究が、心理プロセスの解明だけではなく、意図性概念の内実を明
らかにすることにつながると期待する研究者もいる。ノーブ効果は実験哲学で
最も活発に研究されているテーマであるため、実験哲学とは何か、実験哲学と
伝統的哲学の関係はどのようなものかという点を考える際には、必ず参照され
る。行為の哲学において、実験哲学と伝統的哲学が今後どのような関係を築く
ことができるのかを考える上でも、ノーブ効果についての諸研究は重要なので
ある。

---

14)　ノーブは Knobe (2003b, p. 310) において、Harman (1976), Lowe (1978), Pitcher (1970) とい
　　う 3 つの研究を挙げている。ほかに、Harman (1986a; 1986b) も追加できるだろう。

参照文献

Adams, F., and Steadman, A. (2007) Folk Concepts, Surveys and Intentional Action. In C. Lumer and S. Nannini (eds.), *Intentionality, Deliberation and Autonomy: The Action-Theoretic Basis of Practical Philosophy*. Aldershot: Ashgate Publishers, pp. 17–33.

Alexander, J. (2012) *Experimental Philosophy: An Introduction*. Cambridge: Polity Press.

Alfano, M., Beebe, J. R., and Robinson, B. (2012) The Centrality of Belief and Reflection in Knobe-Effect Cases: A Unified Account of the Data. *Monist*, 95(2): 264–289.

Alicke, M. D., Mandel, D. R., Hilton, D. J., Gerstenberg, T., and Lagnado, D. A. (2015) Causal Conceptions in Social Explanation and Moral Evaluation: A Historical Tour. *Perspectives on Psychological Science*, 10(6): 790–812.

Beebe, J. R. (2013) A Knobe Effect for Belief Ascriptions. *Review of Philosophy and Psychology*, 4(2): 235–258.

Beebe, J. R. (2016) Evaluative Effects on Knowledge Attributions. In W. Buckwalter and J. Sytsma (eds.), *Blackwell Companion to Experimental Philosophy*. London: Wiley-Blackwell, pp. 359–367.

Cappelen, H. (2012) *Philosophy without Intuitions*. Oxford: Oxford University Press.

Carnap, R. (1945) Two Concepts of Probability. *Philosophy and Phenomenological Research*, 5(4): 513–532.

Clark, C. J., Bauman, C. W., Kamble, S. V., and Knowles, E. D. (2017) Intentional Sin and Accidental Virtue? Cultural Differences in Moral Systems Influence Perceived Intentionality. *Social Psychological and Personality Science*, 8(1): 74–82.

Cova, F. (2016) The Folk Concept of Intentional Action: Empirical Approaches. In W. Buckwalter and J. Sytsma (eds.), *Blackwell Companion to Experimental Philosophy*. London: Wiley-Blackwell, pp. 121–141.

Cova, F., Dupoux, E., and Jacob, P. (2012) On Doing Things Intentionally. *Mind & Language*, 27(4): 378–409.

Cova, F., Lantian, A., and Boudesseul, J. (2016) Can the Knobe Effect be Explained Away?: Methodological Controversies in the Study of the Relationship between Intentionality and Morality. *Personality and Social Psychology Bulletin*, 42(10): 1295–1308.

Dalbauer, N., and Hergovich, A. (2013) Is What is Worse More Likely? The Probabilistic Explanation of the Epistemic Side-effect Effect. *Review of Philosophy and Psychology*, 4(4): 639–657.

Deutsch, M. (2015) *The Myth of the Intuitive*. Cambridge, MA: MIT Press.

Feltz, A. (2007) The Knobe Effect: A Brief Overview. *Journal of Mind and Behavior*, 28(3–4): 265–277.

Guglielmo, S., and Malle, B. F. (2010) Can Unintended Side Effects Be Intentional? Resolving a Controversy Over Intentionality and Morality. *Personality and Social Psychology Bulletin*, 36(12): 1635-1647.

Guglielmo, S., Monroe, A. E., and Malle, B. F. (2009) At the Heart of Morality Lies Folk Psychology. *Inquiry*, 52(5): 449-466.

Harman, G. (1976) Practical Reasoning. *Review of Metaphysics*, 29(3): 431-463.

Harman, G. (1986a) *Change in View*. Cambridge, MA: MIT Press.

Harman, G. (1986b) Willing and Intending. In R. Grandy and R. Warner (eds.), *Philosophical Grounds of Rationality*. Oxford: Clarendon Press, pp. 363-380.

Heider, F. (1958) *The Psychology of Interpersonal Relations*. New York, NY: John Wiley & Sons. (フリッツ・ハイダー『対人関係の心理学』大橋正夫訳, 誠信書房, 1978 年)

Hindriks, F. (2014) Normativity in Action: How to Explain the Knobe Effect and Its Relatives. *Mind & Language*, 29(1): 51-72.

Hindriks, F. (2019) Explanatory Unification in Experimental Philosophy: Let's Keep It Real. *Review of Philosophy and Psychology*, 10(1): 219-242.

Hitchcock, C., and Knobe, J. (2009) Cause and Norm. *Journal of Philosophy*, 106(11): 587-612.

Knobe, J. (2003a) Intentional Action and Side Effects in Ordinary Language. *Analysis*, 63(3): 190-194.

Knobe, J. (2003b) Intentional Action in Folk Psychology: An Experimental Investigation. *Philosophical Psychology*, 16(2): 309-324.

Knobe, J. (2004a) Folk Psychology and Folk Morality: Response to Critics. *Journal of Theoretical and Philosophical Psychology*, 24(2): 270-279.

Knobe, J. (2004b) Intention, Intentional Action and Moral Considerations. *Analysis* 64(2): 181-187.

Knobe, J. (2006) The Concept of Intentional Action: A Case Study in the Uses of Folk Psychology. *Philosophical Studies*, 130(2): 203-231.

Knobe, J. (2007). Reason Explanation in Folk Psychology. *Midwest Studies in Philosophy*, 31: 90-107.

Knobe, J. (2010) Person as Scientist, Person as Moralist. *Behavioral and Brain Sciences*, 33(4): 315-329.

Knobe, J. (2016) Experimental Philosophy is Cognitive Science. In W. Buckwalter and J. Sytsma (eds.), *Blackwell Companion to Experimental Philosophy*. London: Wiley-Blackwell, pp. 37-52.

Knobe, J., and Burra, A. (2006) The Folk Concepts of Intention and Intentional action: A Cross-Cultural Study. *Journal of Cognition and Culture*, 6(1-2): 113-132.

Knobe, J., and Kelly, S. D. (2009) Can One Act for a Reason without Acting Intentionally? In C. Sandis (ed.), *New Essays on the Explanation of Action*. London:

Palgrave Macmillan, pp. 169-183.

Knobe, J., and Mendlow, G. S. (2004) The Good, the Bad and the Blameworthy: Understanding the Role of Evaluative Reasoning in Folk Psychology. *Journal of Theoretical and Philosophical Psychology*, 24(2): 252-258.

Knobe, J., and Nichols, S. (2008) An Experimental Philosophy Manifesto. In J. Knobe and S. Nichols (eds.), *Experimental Philosophy*. New York, NY: Oxford University Press, pp. 3-14.

Knobe, J., and Szabó, Z. G. (2013) Modals with a Taste of the Deontic. *Semantics and Pragmatics*, 6(1): 1-42.

Lanteri, A. (2013) Three-and-a-half Folk Concepts of Intentional Action. *Philosophical Studies*, 158(1): 17-30.

Lau, S., and Reisenzein, R. (2016) Evidence for the Context Dependence of the Side-effect Effect. *Journal of Cognition and Culture*, 16(3-4): 267-293.

Lin, Z., Yu, J., and Zhu, L. (2019) Norm Status, Rather Than Norm Type or Blameworthiness, Results in the Side-effect Effect. *PsyCh Journal*, 8(3): 513-519.

Lowe, E. J. (1978) Neither Intentional nor Unintentional. *Analysis*, 38(3): 117-118.

Malle, B. F. (2004) *How the Mind Explains Behavior: Folk Explanations, Meaning, and Social Interaction*. Cambridge, MA: MIT Press.

Malle, B. F., and Knobe, J. (1997) The Folk Concept of Intentionality. *Journal of Experimental Social Psychology*, 33(2): 101-121.

McCann, H. J. (2005) Intentional Action and Intending: Recent Empirical Studies. *Philosophical Psychology*, 18(6): 737-748.

Mele, A. R. (1992a) Recent Work on Intentional Action. *American Philosophical Quarterly*, 29(3): 199-217.

Mele, A. R. (1992b) *Springs of Action: Understanding Intentional Behavior*. New York, NY: Oxford University Press.

Mele, A. R. (2001) Acting Intentionally: Probing Folk Notions. In B. F. Malle, L. J. Moses, and D. A. Baldwin (eds.), *Intentions and Intentionality: Foundations of Social Cognition*. Cambridge, MA: MIT Press, pp. 27-43.

Mele, A. R., and Cushman, F. (2007) Intentional Action, Folk Judgments, and Stories: Sorting Things Out. *Midwest Studies in Philosophy*, 31(1): 184-201.

Mele, A. R., and Moser, P. K. (1994) Intentional Action. *Noûs*, 28(1): 39-68.

Mele, A. R., and Sverdlik, S. (1996) Intention, Intentional Action, and Moral Responsibility. *Philosophical Studies*, 82(3): 265-287.

Michelin, C., Pellizzoni, S., Tallandini, M. A., and Siegal, M. (2010) Evidence for the Side-effect Effect in Young Children: Influence of Bilingualism and Task Presentation Format. *European Journal of Developmental Psychology*, 7(6): 641-652.

Mizumoto, M. (2018) A Simple Linguistic Approach to the Knobe Effect, or the Knobe Effect without Any Vignette. *Philosophical Studies*, 175(7): 1613-1630.

Mukerji, N. (2019) *Experimental Philosophy: A Critical Study*. London: Rowman & Littlefield International.

Nadelhoffer, T. (2006) Desire, Foresight, Intentions, and Intentional Actions: Probing Folk Intuitions. *Journal of Cognition and Culture*, 6(1-2): 133-157.

Nado, J. (2008) Effects of Moral Cognition on Judgments of Intentionality. *British Journal for the Philosophy of Science*, 59(4): 709-731.

Nakamura, K. (2018) Harming is More Intentional than Helping Because It is More Probable: The Underlying Influence of Probability on the Knobe Effect. *Journal of Cognitive Psychology*, 30(2): 129-137.

Pellizzoni, S., Girotto, V., and Surian, L. (2010) Beliefs and Moral Valence Affect Intentionality Attributions: The Case of Side Effects. *Review of Philosophy and Psychology*, 1(2): 201-209.

Pellizzoni, S., Siegal, M., and Surian, L. (2009) Foreknowledge, Caring, and the Side-effect Effect in Young Children. *Developmental Psychology*, 45(1): 289-295.

Pettit, D., and Knobe, J. (2009) The Pervasive Impact of Moral Judgments. *Mind & Language*, 24(5): 586-604.

Phelan, M., and Sarkissian, H. (2009) Is the 'Trade-off Hypothesis' Worth Trading For? *Mind & Language*, 24(2): 164-180.

Pitcher, G. (1970) In Intending and Side Effects. *Journal of Philosophy*, 67(19): 659-668.

Rakoczy, H., Behne, T., Clüver, A., Dallmann, S., Weidner, S., and Waldmann, M. R. (2015) The Side-Effect Effect in Children is Robust and Not Specific to the Moral Status of Action Effects. *PLoS ONE*, 10(7): e0132933.

Robbins, E., Shepard, J., and Rochat, P. (2017) Variations in Judgments of Intentional Action and Moral Evaluation across Eight Cultures. *Cognition*, 164: 22-30.

Ryle, G. (1949) *The Concept of Mind*. London: Hutchinson's Universty Library. (G・ライル『心の概念』坂本百大・井上治子・服部裕幸訳，みすず書房，1987 年)

Sauer, H. (2014) It's the Knobe Effect, Stupid!: How (and How Not) to Explain the Side-Effect Effect. *Review of Philosophy and Psychology*, 5(4): 485-503.

Sauer, H., and Bates, T. (2013) Chairmen, Cocaine, and Car Crashes: The Knobe Effect as an Attribution Error. *Journal of Ethics*, 17(4): 305-330.

Scaife, R., and Webber, J. (2013) Intentional Side-effects of Action. *Journal of Moral Philosophy*, 10(2): 179-203.

Tannenbaum, D., Ditto, P., and Pizarro, D. (2007) Different Moral Values Produce Different Judgments of Intentional Action. Unpublished Manuscript.

Wright, J. C., and Bengson, J. (2009) Asymmetries in Judgments of Responsibility and Intentional Action. *Mind & Language*, 24(1): 247-250.

Young, L., Cushman, F., Adolphs, R., Tranel, D., and Hauser, M. (2006) Does Emotion Mediate the Effect of an Action's Moral Status on Its Intentional Status?

Neuropsychological Evidence. *Journal of Cognition and Culture*, 6(1-2): 291–304.

Zalla, T., and Leboyer, M. (2011) Judgment of Intentionality and Moral Evaluation in Individuals with High Functioning Autism. *Review of Philosophy and Psychology*, 2(4): 681–698.

Zyglewicz, T., and Maćkiewicz, B. (2019) Objective and Epistemic Gradability: Is the New Angle on the Knobe Effect Empirically Grounded? *Philosophical Psychology*, 32(2): 234–256.

第6章 | 道徳の実験哲学1——規範倫理学

鈴木　真

　5人を救うために1人を犠牲にすることは適切か、といった道徳の「犠牲ジレンマ」[1] はよく知られている。ジョシュア・グリーンらは、これらの問題に回答する際の脳の活動を計測し、回答する課題の種類によって強く活動する脳部位が変化することを明らかにした。彼はこの結果をもとに、道徳判断のメカニズムには理性的思考と情動の両者が関与しており、警報のような情動に導かれた判断を基礎とする義務論よりも理性的思考を基礎とする功利主義の方がよい道徳理論であると論じる。本章では、道徳的ジレンマをめぐるグリーンの研究を概観するとともに、実証研究と規範的主張の関係や、脳科学の手法を用いた実験哲学研究の可能性について考察する。なお、この手法はテクニカルなので細部には立ち入らず、研究の結果と意義について主に論じる。

6.1　トロリー問題とグリーンらの脳科学研究

トロリー問題とは

　トロリー問題（The Trolley Problem）は、フィリッパ・フットによって哲学に導入されたものである（Foot 1967）。まずはその概要を見ておこう。

トロリー問題(1)スイッチ

　線路上にいる5人に向かって暴走したトロリーが突き進んでいて、このまま

---

1)　ここでいう「ジレンマ」は、適切な意思決定が難しい状況というくらいの意味である。

では5人全員がひき殺されてしまう。あなたのそばには転轍機があり、トロリーを止める唯一の方法は、転轍機で線路をスイッチして、別の線路に電車を引き込むことである。しかしこの別の線路にも1人の人がいて、その人がひき殺されることは避けられない。このとき、線路をスイッチするのは適切だろうか。

トロリー問題(2)歩道橋

線路上にいる5人に向かって暴走したトロリーが突き進んでいて、このままでは5人全員がひき殺されてしまう。あなたはトロリーと5人の中間に位置する歩道橋の上にいる。トロリーを止める唯一の方法は、あなたの隣にいる大柄な人を線路上に突き落とすことであるが、その際この人はもちろん死ぬ。このとき、隣の人を線路上に突き落とすのは適切だろうか。

フットが取り上げたのはスイッチ型であり、この際には、危害を意図して与えることは許されなくても予期される副次的結果として与えることは許されることがある、という二重結果の原理と、危害を与えることは許されなくても起こるがままにすることは許されることがある、という作為（doing）と不作為（allowing）の区別の原理を検討する文脈で登場した。

　ジュディス・ジャーヴィス・トムソンによる、トロリー問題のさまざまな変型を使って道徳理論を洗練しようという試みを通じて、この問題は哲学者の間に広まった（Thomson 1976; 1985）。人々には、5人を救う（1人を犠牲にする）行為はスイッチでは適切で、歩道橋では不適切だと判断する傾向がある。これは一見して不可解であり、このような判断の傾向——そしてそれ以外の倫理問題についての判断の傾向——を体系的に説明する原理を見つけることに多くの努力が費やされた。ただしもちろん、人々の判断を証拠のように見なして道徳理論を形成しようというこうした試みに対しては、そうした判断は信頼できないという批判もあった[2]。

---

2) トロリー問題の来歴についての詳細はEdmonds（2013）を参照。哲学者の応酬の最近の例としてはKamm et al.（2015）がある。

質問紙調査と脳科学による検証

　1990 年代に入ると、心理学者のルイス・ペトリノヴィッチとパトリシア・オニールらが、トロリー問題などの哲学者たちが使っていた道徳的ジレンマを用いて、人々の道徳的直観に影響を与える要因について調べようとした（Petrinovich, O'Neill, and Jorgensen 1993; Petrinovich and O'Neill 1996）。特に 1996 年の論文では、質問紙調査で、人々が 5 人を救うために 1 人を犠牲にすることに賛同するかどうかが調べられている[3]。結果として、スイッチでは 5 人を救うために 1 人を犠牲にすることに賛同する傾向が示されたが、他の犠牲ジレンマでは逆にそうしないことに賛同する傾向が示された。

　グリーンを中心とする研究グループは、2001 年の論文で、「道徳的ジレンマ」とその他の意思決定の問題——「非道徳的ジレンマ」——の記述を用いて、このような不可解なパターンを示す道徳判断の産出過程を調べようとした（Greene et al. 2001）[4]。非道徳的ジレンマでは、たとえば、会議への移動手段としてバスと電車のどちらを使うかの選択が求められる。彼らの仮説は、スイッチと歩道橋についての判断傾向の違いは、後者では、前者や非道徳的ジレンマでは生じない仕方で情動[5]が喚起されて、それが判断に影響を及ぼすということであった。

　この仮説を検証するために、グリーンらは（実験哲学者がよく使う質問紙調査ではなく）脳科学の手法を用いた。彼らは、歩道橋のようなジレンマについて人々が判断する際には、スイッチのようなジレンマについて判断する際よりも、情動に関わる脳部位が活発に働くということを予見した。しかしこれが正しいとしても、道徳判断の方が情動を喚起するのかもしれないし、判断と情動は共通の原因（刺激）の結果なのかもしれない。そこでさらにグリーンらは、歩道橋のようなジレンマについて少数派の判断をする場合——歩道橋でいうと、大柄の人を突き落とすことが適切だと判断する場合——には、判断（回答）に時間がかかるだろうという予測を立てた。最終的な判断と衝突する情動過程が干

---

3)　この論文では歩道橋ジレンマそのものは使われていない。

4)　Greene et al. (2001) ではペトリノヴィッチらの論文は言及されていないが、Greene (2008a) では参照されている。

5)　Greene (2008a, pp. 40-41, pp. 63-66) では、情動は心的表象——何かを表す心的状態——の内でも、特定の行動ないしその傾向の引き金を自動的に引くような反応だと見なされている。

渉しているために時間がかかるのだというわけである。

　グリーンらは、道徳的ジレンマを歩道橋のような個人的道徳的ジレンマ[6]と、スイッチのような非個人的道徳的ジレンマとに分け、さらに非道徳的ジレンマを加えた3種類、計60のシナリオを用意した。9人の被験者たちの脳を機能的磁気共鳴画像法（fMRI）でスキャンしながら、彼らにそれぞれのシナリオに回答してもらい、統計的な処理（分散分析）を行うことで、3つのタイプのジレンマに差があるのかどうかを検証しようとしたのである。その結果、個人的道徳的ジレンマでは、内側前頭回（前頭前皮質腹内側部（vmPFC）の一部）、後帯状回、角回（側頭頭頂接合部（TPJ）の一部）という、情動に関係するとされる部位がより賦活していることが判明した。他方で、中前頭回（前頭前皮質背外側部（dlPFC）の一部）、頭頂葉といったワーキングメモリに関わる——理性的思考の場と解釈されうる——脳部位は逆に他の種類のジレンマの場合と比べて賦活していないことが判明した（図6.1と図6.2）。

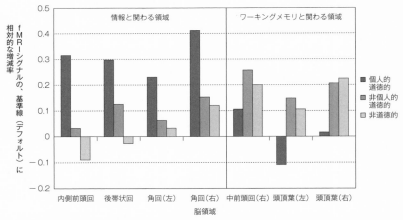

図6.1　実験1において特定された、条件（個人的道徳的、非個人的道徳的、非道徳的）による脳領域における活動への影響（Greene et al. 2001, p. 2106）

---

6)　2001年の時点では、個人的道徳的ジレンマは、(a)深刻な身体的危害の合理的予想可能性があり、(b)その害は特定の個人ないし特定の団体の構成員に対するものであり、(c)その危害は行為者が生み出したものである——すでにある脅威の方向を変えた結果ではない——という3つの条件をすべて満たすもので、非個人的道徳的ジレンマは3つの条件の少なくとも1つが満たされていない道徳的ジレンマだとされていた。Greene（2008a, p. 77n2）では、この特徴づけが満足いくものではないことが認められている。

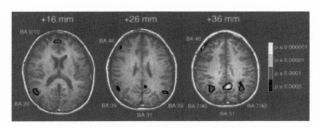

図 6.2　実験 1 において 3 つの条件（個人的道徳的、非個人的道徳的、非道徳的）で賦活に違いがあった脳部位を示した fMRI 画像（Greene et al. 2001, p. 2106）
水平面を描いており、画像上側が正面で、左右は逆転している。左（脳の中心 [前交連] から 16 mm 上）：内側前頭回（BA9/10）と角回（BA39）。中央（脳の中心から 26 mm 上）：角回（BA39）と後帯状回（BA31）と中前頭回（BA46）。右（脳の中心から 36 mm 上）：中前頭回（BA46）と後帯状回（BA31）と頭頂葉（BA7/40）。

　この第一の実験の再現可能性を確認しつつ反応時間を調べようと、グリーンらは実験参加者 9 人に対してほぼ同じ条件で第二の実験を行った。ここでもジレンマ間の違いがおおむね──中前頭回を除けば──再現された。t 検定をすると、個人的道徳的ジレンマにおいて行為が適切だと回答する場合──たとえば、歩道橋において大柄の人を突き落とすことが適切だと回答する場合──は、適切でないと回答する場合よりも（平均して 2 秒弱）回答時間がかかっていた（図 6.3）。これは、非個人的道徳的ジレンマにおいて行為が適切だと回答する場合──たとえば、スイッチにおいて線路を切り替えることを適切だと回答する場合──や、非道徳的ジレンマにおいて行為が適切だと回答する場合──たとえば、早く着く予定だがかえって遅れるリスクのあるバスではなく、ちょうどにしか着かないが正確な電車を選ぶことを適切だと回答する場合──とは逆の傾向であった。

　この結果をもって、グリーンらは自分たちの 2 つの仮説が確証されたと見なす。そして、人々が個人的ジレンマと非個人的ジレンマにおいて異なる反応傾向を示す──たとえば、5 人を救うために 1 人を犠牲にすることになる行為について、歩道橋では不適切だと判断し、スイッチでは適切だと判断する──のは、前者においては情動が後者では見られない仕方で判断に干渉しているからだと説明した。

　Greene et al.（2001）は fMRI を用いた道徳判断研究の 1 つの嚆矢となった[7]。後の Greene et al.（2004, pp. 391-392）では、情動に関連する脳部位とされて

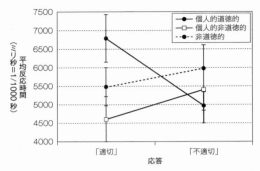

図6.3 実験2における、条件（個人的道徳的、非個人的道徳的、非道徳的）と応答タイプ
（適切、不適切）ごとの反応時間の平均（Greene et al. 2001, p. 2107）

いる扁桃体が個人的道徳的ジレンマに回答する際に特に賦活することが示され
た。同論文では、個人的道徳的ジレンマにおいて多くの人を救うために誰かを
犠牲にする行為を適切だと判断する場合には（不適切だと判断する場合と比較し
て）、前方 dlPFC と右の下頭頂葉が賦活することも確認している（ibid., pp. 392-
395）。

6.2 脳科学的知見の規範的含意

グリーンの提示した規範的論点

Greene et al.（2001）は、哲学者の思考実験由来のシナリオ、特に歩道橋ジ
レンマなどの犠牲ジレンマを用いた大量の実証研究の呼び水となった。グリー
ンの研究は多くの哲学者たちの注目も集めたが、それはその主張が脳科学研究
の枠内にとどまらずに、人々の判断傾向やそれを支持する規範理論をどう評価
すべきなのか、という規範的論点にまで踏み込んだからである。

最も論争を引き起こした Greene（2008a）では[8]、Greene et al.（2001）を含
むさまざまな心理学的・脳科学的文献を引きながら、義務論——たとえば、
6.1 節で出てきた二重結果の原理や作為・不作為の区別の原理——より功利主
義の方がよい規範理論だと論じる。5 人の人の命を救うために 1 人の命を犠牲

---

7) 初期の fMRI 道徳判断研究とその背景については蟹池（2008）を参照。
8) グリーンのより最近の議論については、6.4 節でふれる。

にすることを、典型的な功利主義は適切と見なすのに対し、典型的な義務論の原理は不適切と見なす。この理解に基づいてグリーンは、つぎのように再構成できる議論を提出した。

1. 多くの人々が下す反功利主義的な道徳判断——たとえば、個人的道徳的ジレンマにおいて行為を不適切だとする判断——は、「するな」「しろ」というような直接的な行動指令を出す、「警報のような情動的反応」によって生み出されている[9]。
2. 警報のような情動に基づく道徳判断過程は、道徳と無関係な情報に反応する（cf. Greene 2013, p. 212; 邦訳 pp. 282-283）。
3. 関係のない要因に駆動される過程は信頼できない。
4. 【2と3から】警報のような情動に基づく道徳判断過程は信頼できない。
5. 義務論は、大枠において反功利主義的な判断を合理化するよう作られた（2008a, p. 72）。
6. 【1と4と5から】個人的道徳的ジレンマにおいて行為を不適切だとする判断や（それらを合理化する）義務論は、正当化されない。
7. 個人的道徳的ジレンマにおいて行為を適切とするような判断は、警報のような情動に基づく道徳判断過程とは別個のより理性的な過程によって生み出されている。
8. 功利主義は、大枠においてこうした判断を体系化するよう作られた。
9. 【6と7と8から】功利主義は、（義務論のように正当化されないわけではないという意味で）よりよい理論である。

警報のような情動に基づく道徳判断の問題点

ここでは前提2の是非が1つの論点になる。グリーンは2つの仕方で前提2

---

9)　なおグリーンは、こうした直接的な情動的反応のほかに、行為との関係が間接的な情動もあるとしている。グリーンは、犠牲ジレンマで多数を救うために1人を犠牲にする行為を適切だとする判断——彼が功利主義的な判断と考えるもの——に至る過程をより認知的だと見なすが、この過程では警報のようではない情動——利害の表象——が用いられているという。この意味で、彼が情動と理性を相互排他的に区別しているとする批判者たちの主張（e.g. Demaree-Cotton and Kahane 2018, p. 91）は、そのままでは当たらないと考えられる。

を擁護する。1つは、情動が道徳判断を曇らせているということを示す実験研究があるということである。たとえば彼は、ジョナサン・ハイトらの研究（Wheatley and Haidt 2005; Schnall et al. 2004）を引きながら、嫌悪感を操作すると無害な行為が不適切だと判断される傾向が強まることを示唆している（Greene 2008a, p. 58）。グリーンは後の論文（Greene et al. 2009）では、歩道橋事例でも、大柄の人を自分の物理的な力を使って——手または棒で——突き落とすのではなく、スイッチで落とすようにすると、落とすことを適切だと考える傾向が強まるという実験結果を報告している。人々の否定的な意見は、道徳に無関係な事柄（物理的な力の使用）への情動的反応に促されているのだというのである（Greene 2013, p. 215f）。

　もう1つの擁護論は進化論的考察に基づく。グリーンは警報のような情動——道徳的情動——のうち最も基本的な部分は自然選択されたものだと論じる（Greene 2008a, pp. 59-60, p. 67f）。それは、人類の祖先の近しい間柄の社会で頻発するさまざまな問題——たとえば、協調問題——にうまく対応できる行動を促す。道徳的情動は、繰り返し起こる状況に対しては信頼できる素早い効果的な反応を提供したので、広まって私たちに遺伝する形質として残ったのである。とすれば、こうした情動を道徳に関連する事柄を正しくとらえるものと見なすのは難しい。それらは適応度の点で適切な行動を促せばよく、道徳判断として正しいものに導く必要はないからである。しかも現代の私たちは、近しい間柄だけで構成されているわけではなく、時間的にも空間的にも広範囲に影響を与えうる社会に住んでいるから、祖先の協調問題に対応していた情動も、今や的外れな回答を出すことが予測される。このような議論は、「進化論的暴露論証」と呼ばれている[10]。

二重過程モデルとの関係

　前提1や7は、道徳判断の過程には直観的システムとより理性的なシステムがあり、それぞれ独立していて、（たとえば歩道橋事例において）義務論に合致す

---

[10]　進化論的暴露論証については、笠木（2019）を参照。義務論と関連する判断の正当性だけを標的にするグリーン流の試み（Greene 2008a; Singer 2005）が成功するかどうかという点については、Kahane（2011）と de Lazari-Radek and Singer（2012）を参照。

る内容の判断と功利主義に合致する内容の判断に対応している、という一種の二重過程モデルを前提しており、Greene et al.（2001）などの経験的知見がその証拠として挙げられている。二重過程モデルでは、人間の認知をシステム 1 と 2 という 2 タイプの過程によって実行されるものと見なす。大まかにいうと、システム 1 の方が素早く、本人の意識的な努力をほとんど必要としないで、その過程が産出する結果だけを意識するものであるのに対し、システム 2 の方はゆっくりで、働かせるには意識的な努力を必要とするものとされる。グリーンの場合には、警報のような情動によって駆動され義務論的判断に至る過程がシステム 1 で、比較衡量を行い功利主義的判断に至る過程がシステム 2 だと見なされている。

　道徳判断の生成能力は、チョムスキー流の言語の「普遍文法」と類比的な、道徳の「普遍文法」のアルゴリズムを実行する単一のシステムによって説明される、とする立場もあるが（Mikhail 2011）、何らかの二重過程モデルが正しいのではないかという考えは多くの理論家に共有されている。ただし、個人的道徳的ジレンマにおいてはシステム 1 と 2 が競合的・相互抑制的であるというグリーンの立場には異論がある。情動的なシステム 1 がすべてを決定してシステム 2 は後付けの説明を提供するだけなのかもしれないし（Haidt 2001）、システム 1 と 2 はそれぞれ独自の評価をして、それを勘案して総合的な価値判断を下す領域に注ぎ込むのかもしれないし（Hutcherson et. al. 2015）、あるいは無意識的なシステム 1 は意識的なシステム 2 の実行を下支えしているのかもしれない（Railton 2014, p. 823f）。とはいえ、道徳判断に 2 つの競合する過程があると考えると、たとえば歩道橋で、5 人の命の方を 1 人の命より優先すべきだと比較衡量の上では考えつつ、同時に大柄の人を犠牲にしてはいけないという思いにさいなまれて葛藤する、という現象が説明できそうに見える。

6.3　実験哲学における論争──直観性の扱いとモデルの一般性

　グリーンの脳科学研究とそれに基づく議論はさまざまな批判を受けており、彼自身も応答しているが、ここではその全体のサーベイを提供することはできない（たとえば、太田（2016, Ch. 2, 4, 5）; Demaree-Cotton and Kahane（2018）; Edmonds

（2013）の特に Ch. 13; 蟹池（2008, pp. 304-305）を参照）。本節ではこの議論の成否を左右するグリーンの二重過程モデルに焦点を当て、特に実験哲学者であるガイ・カヘインの批判とグリーンの応答を見ていくことにしたい。

功利主義・義務論と直観的・反直観的の組み合わせによる4象限

Kahane et al.（2012）は、Greene et al.（2001）とそれに続く研究では、2つの独立の要因が区別されずにいたと指摘する。その2つとは、(1)下す道徳判断の直観性——直観的か反直観的か——と(2)道徳判断の内容——義務論的か功利主義的か——である。グリーンらは義務論的な考慮と功利主義的な考慮が対立する事例のうち、義務論的な判断が直観的であるような事例——深刻な他者危害を含む犠牲ジレンマ——ばかりに焦点を当ててきたが、功利主義的判断の方が直観的な事例もある。たとえば、真実を伝えることによって人が傷つくのを避けるために嘘をつくかどうかというジレンマは、嘘をつくのは不適切だという義務論的な判断の方が反直観的で、嘘をつくことは適切だという功利主義的な判断の方が直観的だと見なすことができるだろう。こうした事例を踏まえて、上の(1)と(2)を操作的に区別しても、義務論的判断は情動的なシステム1と、功利主義的判断は理性的なシステム2と、各々結びついていることが示されるのかどうかということを問題にしたのである。

カヘインらは、(1)と(2)の2つの要因（事例の直観性のタイプと下される判断の内容のタイプ）をかけあわせてできる4象限のケースをそれぞれ比較しようとした（表6.1）。義務論が直観的な事例と功利主義が直観的な事例の判別は、実験の前に（被験者とは異なる）18人に対して事例の記述に対して熟慮的でない反応（unreflective response）を報告してほしいと指示して、3分の2以上が義務論的な回答をしたものを義務論的な判断が直観的な事例（8事例）、3分の2以

表6.1　Kahane et al. 2012 におけるケースの区分

UI_U：功利主義的な回答が直観的な（義務論的な回答は反直観的な）事例で、回答者が下した判断の内容も功利主義的	DI_U：義務論な回答が直観的な（功利主義な回答は反直観的な）事例だが、回答者が下した判断の内容は功利主義的
UI_D：功利主義的な回答が直観的な（義務論的な回答は反直観的な）事例だが、回答者が下した判断の内容は義務論的	DI_D：義務論な回答が直観的な（功利主義な回答は反直観的な）事例で、回答者が下した判断の内容も義務論的

上が功利主義的な回答をしたものを功利主義的な判断が直観的な事例（10 事例）とした。結果的に、義務論が直観的だと判定された事例の大半は、グリーンらによって使用されてきたものだった。カヘインらは 16 人の被験者に計 18 事例について回答してもらい、反応時間を測りつつ、fMRI で脳の活動を測定した。

脳活動は功利主義的判断と義務論的判断で違うのではない

事例のタイプに関わらずに功利主義的な内容の判断が下された場合を義務論的な内容の判断が下された場合と比べると（_U 対 _D）、グリーンらが功利主義的判断を下す際に特に活動するとしていた、より理性的な過程に関わるとされる脳部位である dlPFC と頭頂葉は、特に賦活していなかった。彼らが義務論的判断を下す際に特に活動するとしていた情動に関わるとされる脳部位のうち、後帯状皮質と右 TPJ は、義務論的な内容の判断を下す際に賦活していたが、vmPFC や扁桃体は賦活していなかった。しかも、義務論的な回答が直観的な事例（多くは個人的道徳的ジレンマ）で義務論な内容の判断を回答者がした際には（回答者が功利主義的な内容の判断をした場合と比べて、つまり DI_D 対 DI_U では）、後帯状皮質や TPJ すら賦活していなかった。dlPFC、後帯状皮質、右 TPJ と前頭前皮質腹外側部は、義務論的な回答が直観的な事例において（功利主義的な回答が直観的な事例と比べて、つまり DI 対 UI で）、賦活していた。こうして、グリーンが言うのとは違って、判断の内容はシステムの種類とは結びついていない——むしろ、義務論と功利主義の回答のいずれが直観的な事例かということがカギとなる要因である——ことが示唆される結果が出た[11]。

反応時間についても、功利主義的な判断を下す方が義務論的な判断を下すより一般的に時間がかかるというわけではなく、義務論的な回答が直観的な事例（DI）の方が、功利主義的な回答が直観的な事例（UI）よりも判断に時間がかかることが確認された。

---

11) カヘインらは直観性そのものの影響も、直観的な回答をする場合と反直観的な回答をする場合（つまり、DI_D および UI_U 対 DI_U および UI_D）を比較することで検討している。直観的な回答をする場合には、視覚野、左運動前野、側頭葉内側部、左眼窩前頭皮質外側部が賦活し、反直観的な回答をする場合には、吻側前帯状皮質、右第二体性感覚野、島の後部と中部、右前頭前皮質腹外側部、眼窩前頭皮質外側部が賦活していた。

グリーンによる反論

これに対し、グリーンらも反論をしている（Paxton et al. 2014）。1つの論点は、カヘインらが事例を直観的・反直観的に区別する際の手法に関するものである。先に見たように、カヘインらは熟慮的でない反応を報告するよう指示し、3分の2以上が義務論的な（功利主義的な）回答をした事例を義務論的（功利主義的）回答が直観的な事例とした。だが、人々に熟慮的でない反応をするように言ったとしても、彼らは自分自身の判断過程に内観的にアクセスできるわけではないから、直観的に回答しているかどうかは疑問である。結果として、多くの人々が同じ回答をするとしても、それが判断の直観性を示すことになるのかは疑わしいことになる。

何百万人もの人の命を救うのに必要なら1人の人を殺してもよいかという問いに対して、「よい」と大多数の人は答えるだろうが、そうであっても「よい」という回答は反直観的であろう。また反応時間をみると、カヘインらによって義務論的回答が反直観的だとされた事例（UI）で義務論的回答をするのにかかった時間は、義務論的な回答が直観的だとされた事例（DI）で義務論的回答をするのにかかった時間よりも、平均してわずかだが短い。直観的な反応にかかる時間はより短いはずなので、これはおかしい。それゆえ、カヘインらが事例を直観的・反直観的に操作的に区別することに成功しているのか、そもそも（グリーンによれば）判断過程の違いであるはずのこの区別が事例レベルでできるのか、ということに懸念が生じる。

さらにグリーンらは、回答過程が直観的であるかどうかを認知反省テスト（CRT）で区別し操作した。CRTは正解を見つけるために直観的傾向を抑制して理性的に考える傾向を測るための3問からなるテストであり[12]、たとえば以下のような問題を含む。

バットとボールの値段は合計1.10ドルである。バットはボールより1ドル高い。ボールの値段はいくらか？

---

12) 詳細は Frederick（2005）を参照。

0.1 ドルと答えたくなるが、簡単な算数をすれば——直観的に回答するのでなく、より熟慮的に考えるなら——0.05 ドルであることがわかる。グリーンらは、65 人の実験参加者を 2 グループに分けて、片方には CRT ⇒ 道徳的ジレンマという順序で、もう片方には道徳的ジレンマ ⇒ CRT という順序で回答してもらい、t 検定を行った。CRT の問題に 1 つでも正解した人について 2 つのグループを比べると、前者の方が後者に比べて、行為が適切だという功利主義的回答傾向を示した。また相関を分析すると、CRT の問題に正答率が高いほど功利主義的な回答傾向が強いことがわかった。これらの効果の出方には、（カヘインらの区分でいうと）「義務論的な回答が直観的」な事例と「功利主義的な回答が直観的」な事例の違いによって有意な差がなかった。やはり直観的な過程と義務論的な内容の判断、熟慮的な過程と功利主義的な内容の判断にはそれぞれつながりがある、というわけである。

方法論上の問題と求められるさらなる検証

この論争は、直観（的過程）とは何で、それ以外の反応（の過程）とはどう違うのか、そしてその違いをどのようにしたら操作的に区別できるのか、という難しい問題——実験哲学にとって根本的に重要な問題——を孕んでいる。しかしカヘインらの批判が成功しているかどうかにかかわらず、グリーンの理論構成に懸念があるのは確かである。犠牲ジレンマのような特殊な事例——多大な他者危害と利益に関わり、それらの危害や利益が確実に起こることが保証されており、義務論と功利主義の回答が対立しており、私たちのほとんどは現実には直面することはないような事例——に焦点を当てて道徳判断のモデルを構築した場合に、それを本当に一般化できるのかという問題を抱えることになるのは当然である。グリーンの二重過程モデルは、犠牲ジレンマ以外のさまざまな事例についても検証される必要がある。

この点に関連して、カヘインらは別の論稿で（Kahane et al. 2015）、相関分析などを用いて、犠牲ジレンマにおいて功利主義的判断をすることは、実世界に近い状況において功利主義に適った利他的な判断をすることや、功利主義に適った行動をすること（たとえば、与えられたお金を募金に回すこと）とは結びついていないことを示した。むしろ、犠牲ジレンマにおける功利主義的判断は、サ

イコパシー傾向、共感的関心（empathic concern）の欠如などに結びついていると指摘したのである。これは功利主義的判断過程の信頼性に疑いを投げかけかねない結果であると言える（cf. Edmonds 2013, Ch. 13, 邦訳 pp. 218-219）。

　これに対してグリーンらは（Conway et al. 2018）、集団全体への害を最大限に減少させることを積極的に志向する功利主義的傾向と、個人への危害を回避することへの関心の弱まりとして捉えられる非義務論的傾向の2つを過程分離（process dissociation）して、相関分析と回帰分析を行っている。そして、サイコパシー傾向や共感的関心の欠如は、功利主義的傾向ではなく非義務論的傾向を強めることで、犠牲ジレンマにおいて少数を犠牲にして多数を救う判断を生み出していると指摘する。しかし同時に、犠牲ジレンマにおける功利主義的傾向が、（カヘインらの言う通り）他の状況における利他的判断や利他的行動には結びついていないことをも確認している。結局、グリーンが「功利主義的」と呼ぶ一般人の「より理性的な」判断過程は、規範倫理学上の功利主義と合致する決定を常に下すわけではないことが明らかとなったのであり、前節の議論の前提8に疑念が生じる結果となった。

6.4　脳科学の手法を使った実験哲学と道徳判断研究

　最後に、脳科学の手法を使った実験哲学研究の見通しと、そこから規範的含意を導き出す可能性について、グリーンの議論にまつわる論争をもとに考えてみよう。

脳科学研究のメリットと制約

　脳科学研究のメリットは、質問紙研究や行動研究と違って、心理過程の生物学的・物理的基盤を探り、それを具体的に——時空間的に——考える手掛かりを与えてくれることだろう。社会心理学的手法でも、統計的手法を使って、（たとえば）道徳判断の背後にどのような心理的過程があるのかを抽象的にモデル化することはできるが、それが現実にどう実現されているのかを検証するには、グリーンらがしたように脳の活動を見るほかないだろう。

　脳科学の手法を使うということは、その手法の制約を引き受けるということ

でもある。たとえばグリーンの 2001 年の研究は、fMRI を使う脳科学研究一般に関わる懸念を呼び起こすものであった[13]。具体的には、fMRI でわかるのは血流動態[14]であって神経細胞の活動自体ではなく、時間分解能も低いために活動の順序も――もちろん、因果的影響経路も――わからないこと、実験室でfMRI の機材に横たわって判断するという状況が日常的な状況とはかなり異なること、被験者が少ないこと、などが挙げられる。ただし、こうした問題のいくつかは、技術的に克服される可能性もある。

　また、脳に関する純粋な記述から、直接的に規範的含意を引き出すことは難しいということがある（Demaree-Cotton and Kahane 2018, pp. 86-7）。道徳判断は心理的状態なのだから、脳科学の知見を心理的に解釈しなければそれについての含意を引き出すことができない[15]。したがって、Greene et al. (2001) がしているように脳についての記述を心理的に解釈し（第一段階）、Greene (2008a) がしているようにさらに道徳哲学的に解釈する（第二段階）、という 2 段階の解釈が必要になる。

　こうした解釈には異論の余地がある。第一段階においては、カヘインら（Demaree-Cotton and Kahane 2018, ibid.）が指摘するように、心理的性質（や過程）は複数の脳神経的性質（や過程）によって多重実現されうるし、しかもある脳部位は複数の心理的機能を担っている。道徳判断のような心理的活動は、さまざまな構成要素からなっていて複数の脳領域にまたがっているのである。そして脳には可塑性があり、たとえば何度かしたことのある課題に必要な血中酸素濃度は低くなるため、fMRI では本当は重要な脳部位の賦活が計測できなくなるということもありうる。こうした理由で、脳科学上の記述と心理学的な記述の対応関係は複雑なものとなるのである。ただし、この第一段階の心理学的解釈は、カヘインがグリーン流の二重過程モデルを実験的研究によって批判したように、通常の科学的探究に基づいて再検討することが可能な部分ではある。

　さらに第二段階として倫理的含意を引き出そうとすれば、多くの場合、規範

---

13)　fMRI などの脳画像法とそこから心理的結論を導き出すことについての注意点については、たとえば Satel and Lilienfeld (2013) の特に Ch. 1 を参照。

14)　より厳密には、酸素を豊富に含む血液と欠乏している血液の相対濃度。

15)　心理的状態に対応する脳の活動を調べるのではなく、脳の活動からそのときに生じている心理的状態を推測するため、このような解釈は「逆推論」とも呼ばれる。

的な前提を持ち込むことが必要である[16]。6.2節でみたグリーンの議論は、前提2、すなわち、警報のような情動に基づく道徳判断過程——システム1——は、道徳と関係のない事柄によって駆動されている、ということに依拠している。この文脈で道徳に関係がないというのは、道徳的な結論を支持したり批判したりする理由にはならないということなので、これは規範的な前提と言える。

またグリーンは、この前提2を実験心理学の研究に基づく議論と進化論的暴露論証によって擁護しているが、それらの議論もまた規範的前提を持つように見える。前者の実験心理学に基づく議論では、情動が道徳判断を曇らせているという結論を導くのに、行為が無害なら道徳的に不適切ではないとか、物理的な力を使うかどうかは道徳的に重要な差異ではないといった主張が暗に前提されている。後者の進化論的暴露論証も、警報のような情動が道徳に関連する事柄をとらえていないという結論を導くのに、道徳の重要性・権威性についての仮定を前提しているように見える。

いかなる内容を持つ道徳的原理が真であるのかということは、警報のような情動（に基づく判断）というインプットに構成的に依存する、と仮定することもできそうに見える。この道徳的真理の情動的構成主義の仮定のもとでは、こうした情動は、その起源がどうであれ、構成のアウトプットとしての「真なる」道徳原理をとらえられるはずである。しかしこの仮定に対してグリーンは、「GIGO（Garbage in, garbage out（ゴミを入れてもゴミしか出てこない））」と言って批判する（Greene 2008b, pp. 116-117）。こうした情動が進化の歴史の偶然性・恣意性を反映しているせいで、それらに基づく、典型的な義務論的内容を持つ原理は、本物の道徳的真理が備えるはずの権威——客観的指令性——を持ちえない。道徳が特別な重要性を持つゆえに、道徳的真理の情動的構成主義はもっと

---

16) ただし、規範的な前提を持ち込むことが常に不可避であって、非規範的な前提だけから規範的結論を導くことはできない——いわゆる「自然主義的誤謬」は本当に誤謬である——のかというと、そうとは言い切れない。

あらゆる日本人は人間である。ゆえに、あらゆる日本人は人間がなすべきことをなすべきである。

$\forall x (Jx \rightarrow Hx) \therefore \forall x (Hx \rightarrow Ox) \rightarrow \forall x (Jx \rightarrow Ox)$

（J：日本人である、H：人間である、O：一定のことをなすべきである）

この議論は、古典述語論理で妥当である。「自然主義的誤謬」に関する論争については、たとえばPigden（2010）を参照。

もらしくないのであり、警報のような情動が正しい道徳原理の認識に役立つと
アプリオリに決めることはできない、というのである[17]。

　上の分析が正しいとすれば、グリーンの議論は経験的な検討だけでなく規範
的な側面からの批判的な議論にさらされることを免れない。脳科学の手法を使
って規範的な結論を導こうとすれば、多くの場合同じことになるだろう。ただ
しこの第二段階の困難は、質問紙調査などから規範的含意を導こうとした場合
でも生じる困難である。

脳科学研究の進展によるグリーンへの批判

　脳科学研究による思考過程のモデル化が有望だと認めたとしても、脳科学も
その心理的解釈もまだ発展途上であるがゆえに、そこから倫理的含意を導く試
みが暫定的なものに留まるのは当然である。たとえば Greene（2008a）が行っ
た、脳科学研究に基づく特定のモデルから義務論への懐疑論という規範的含意
を導き出そうとする刺激的な試みは、性急すぎたのかもしれない。6.3 節で触
れたようなグリーンの二重過程モデル自体への懸念を脇に置くとしても、
Greene（2008a）は情動的システムの信頼性について少し過度に悲観的な描き
方をしていたからである。

　個人的道徳的ジレンマにおいて義務論的判断を下す際に活動する脳部位と
して挙げられた領域は、近年の情動に関する脳科学研究の進展により、道徳の認
知でのみ賦活するわけではなく、想像や記憶や因果的推論といった他の心理的
機能にも関わっているということが増々はっきりしてきた（Railton 2014, p.
834f）。たとえば Demaree-Cotton and Kahane（2018, pp. 92-93）のまとめによ
ると、右 TPJ は、行為者の意図が危害にどのように因果的に結びついている
のか（あるいは結びついていないのか）に関する識別をしているという。扁桃体
は連想学習に関わり、これまでの経験によって利害や規範の違反と連想されて
きた事態の側面に注意を向けさせる役割を持つ。vmPFC は想像、視覚化、共

17）　これは、Greene（2008a）に対する Timmons（2008）のコメントに、グリーンが応答した際の
　　コメントである。なお厳密には、グリーンは道徳的真理の構成手続きが情動由来の特殊性・恣意
　　性を剝ぎ取る可能性も考慮に入れており、その場合には GIGO 問題は発生しないが、その出力と
　　して出てくる回答は典型的な義務論的内容を持たないことになるだろう、と指摘している。

感的理解に関わり、意思決定に関連する情報を表象して比較衡量することに携わっている。脳部位の機能に関するこのような理解が正しければ、個人的道徳的ジレンマで特に賦活する脳部位の活動領域は広く、そして道徳判断に関連のある情報を取り入れて処理するように働いているのであり、グリーンが言うように、道徳判断をそれとは関連のない方向に歪めたり曇らせたりしているようには思えない[18]。

さらに Greene（2008a）では「警報のような」情動的システムの（進化の歴史において獲得されたという意味における）生得性が強調されていたが、近年ではこうしたシステムが学習する——統計的な予見と利害の期待に基づく行動調整を行い、その成功・失敗のフィードバックから学ぶ——という側面が強調されるようになった（Railton 2014, p. 833f）[19]。そうだとすると、6.2 節の前提 2 に反して、システム 1 が学習によって道徳と関連のある情報に基づいて判断を下せるようになるかもしれない。個々人の情動も直観的な道徳判断も社会・文化や体験に応じて変わることを考えれば、情動的システムにも柔軟性はありそうである。そしてたとえば、同性愛やトランスジェンダーの自己公表の広がりを受けて、それらに対する道徳的態度が近年劇的に変わったように、情動的システムは道徳に関連のある情報によって動かされるように学習しうるように思われる。

グリーンのその後の見解

グリーンも 2013 年の著書では、情動的システムは学習によって賢明になりうるし、通常は——集団内での協力が問題になる際には——非常に賢明だと認めている（Greene 2013, Ch. 5, p. 141; 邦訳 p. 184）[20]。システム 1 は、個人的体験や

---

18) また、グリーンが情動が道徳判断を曇らせていることの証拠として参照していた嫌悪感の操作研究（Wheatley and Haidt 2005; Schnall et al. 2004）については、近年再現性に疑問が呈され、否定的なメタ分析も出ている（Landy and Goodwin 2015）。

19) 道徳心理学の外では、無意識の過程ですら生得的で固定的なメカニズムではなく統計的な規則性やパターンの学習を行うものであるという経験主義的な方向性が 2000 年代から追求されてきた（植原 2017, Ch. 5）。

20) Greene（2013）では、集団内において自他の利益が衝突するときには、システム 2 は自己の利益を優先させる結論を出してしまいがちであるとして、システム 1 に頼ることが推奨されている。システム 2 を信用すべきなのは、他の人々と道徳的論争に陥ったときだという（Ch. 12, p. 350, 邦

他者が体験を通じて学習したことから文化的に影響を受けることにより学習するという（ibid., pp. 142-143; 邦訳 p. 186）。さらに 2017 年の論文では、警報のような情動に基づく道徳判断過程は、遺伝的な影響を受けるにせよ学習の余地が大きい、広領域のシステム[21]だというように、自分の意見が変わったということが述べられている（Greene 2017, Sec. 3）。

　しかし、グリーンによれば、長期的に見れば試行錯誤の学習によって出力となる道徳判断が変わるとしても、各時点では一定の入力が入れば一定の出力を返すだけで、融通が利かない。そこで、(1)自分も他人も適切な経験を欠いているという場合（データの不足）や、(2)目的に照らして重要な結果からのフィードバックがない（適切なフィードバックの欠如）――たとえば、生得的な傾向のせいで自集団メンバーの利害への影響に偏ったフィードバックになっている――という場合には、もう 1 つのより認知的な過程に頼らなければいけないのだという（Greene 2017）。

　この考えによると、人々が直面したことのない倫理問題――たとえば、科学技術の進歩や急激な環境・社会変化、人間の影響力や予見力の拡大によって生じたり発見されたりした問題――や、グリーンの著作の主題である「常識道徳の悲劇（The Tragedy of Commonsense Morality）」（Greene 2013, introduction, Ch. 3）――集団間における価値観の対立によって協力が成立しないという問題――では、システム 1 に頼るのはやめた方がよいことになる。すると、個人的道徳的ジレンマにおいて行為を不適切だとする判断や、（それらを合理化する）義務論の理論は正当化されない、という結論はまだ擁護できるのかもしれない（グリーンの最近の論稿も、この結論は維持しているように見える）。というのは、前節で触れたように、歩道橋事例のような個人的道徳的ジレンマは現実離れしているので、自分も他人も適切な経験を欠いており、システム 1 は正しい結論を信頼できる仕方で生み出さない、と論じうるからだ。

　ただし、この直観的過程の新たな理解は、より日常的な事例において義務論

　訳 p. 471）。

21)　システム 1 あるいはその下位過程が道徳に特化しているわけではないのであれば、道徳以外の、広く認められた独立の基準がある領域でそれが正しい出力を出しているのかどうかを確かめることができるだろう。もし正しい出力を出しているのなら、道徳の領域でもおそらく信頼できるのではないかという推測が成り立つ。

に有利な直観的判断が広く共有されているならば、それは義務論に有利な証拠となりうるという立場と矛盾しない。義務論と功利主義の論争は、簡単には決着がつかないのである。

従来の道徳哲学を超えて

グリーンによる道徳判断の二重過程モデルも、そこから規範的含意を導こうとする議論も暫定的なものではあるが、だからといってこのような研究の哲学的意義がなくなることはない。そしてグリーンの基本的なメッセージは、彼の特定のモデルや議論よりも頑健である。私たちの道徳的な認知は情動的傾向と結びついており、道徳判断の内容はそうした傾向によって左右されることがあるように見える[22]。情動的過程に関する科学的な理解を深め、それと道徳との関係を検討することは、私たちの道徳判断過程の信頼性を問うために重要である。

哲学の内でも道徳心理学や倫理学の議論の多くは、一定の経験的前提に基づいており、それらは原理的には——現実の困難は大きいとしても——心理学や脳科学の手法で実証的に検討ができる。これがグリーンやカヘインの行っていることである。しかし一方、グリーンの研究に関わる論争を見ればわかるように、心理学も脳科学も発展途上であるがゆえに論争がつきものであり、さまざまな解釈も要求される。6.3節で見たように、実験哲学では直観についての概念的・操作的問題もある。しかし少なくとも道徳判断についての実験哲学は、必要なデータを集めてそれに基づいてモデルが改訂されていくという点で、従来の道徳哲学よりも経験的に前進的（cf. Lakatos 1970, p. 118, 邦訳 p. 169）だと言うことはできそうである。

参照文献

Conway, P., Goldstein-Greenwood, J., Polacek, D., and Greene, J. D.（2018）Sacrificial Utilitarian Judgments Do Reflect Concern for the Greater Good: Clarification via Process Dissociation and the Judgments of Philosophers. *Cognition*, 179: 241-

---

22) この点についても慎重な意見はあるが（e.g. Landy and Goodwin 2015）、情動的過程が道徳判断に関わっているという考えは広く共有されている。May and Kumar（2015）も参照。

265.

Demaree-Cotton, J., and Kahane, G. (2018) The Neuroscience of Moral judgment. In Zimmerman, A., Jones, K., and Timmons, M. (eds.) *The Routledge Handbooks of Moral Epistemology*. New York: Routledge.

Edmonds, D. (2013) *Would You Kill the Fat Man? The Trolley Problem and What Your Answer Tells Usabout Right and Wrong*. Princeton, NJ: Princeton University Press. (デイヴィッド・エドモンズ『太った男を殺しますか？──「トロリー問題」が教えてくれること』鬼澤忍訳, 太田出版, 2015 年)

Foot, P. (1967) The Problem of Abortion and the Doctrine of the Double Effect. *The Oxford Review*, 5: 5-15.

Frederick, S. (2005) Cognitive Reflection and Decision Making. *Journal of Economic Perspectives*, 19(4): 25-42.

Greene, J. D. (2008a) The Secret Joke of Kant's Soul. In W. Sinnott-Armstrong (ed.) *Moral Psychology Volume 3: The Neuroscience of Morality*. Cambridge, MA: MIT Press.

Greene, J. D. (2008b) Reply to Mikhail and Timmons. In W. Sinnott-Armstrong (ed.) *Moral Psychology Volume 3: The Neuroscience of Morality*. Cambridge, MA: MIT Press.

Greene, J. D. (2013) *Moral Tribes: Emotion, Reason, and the Gap between Us and Them*. New York: Penguin Books. (ジョシュア・グリーン『モラル・トライブズ──共存の道徳哲学へ』上・下, 竹田円訳, 岩波書店, 2015 年)

Greene, J. D. (2017) The Rat-a-gorical Imperative: Moral Intuition and the Limits of Affective Learning. *Cognition*, 167: 66-77.

Greene, J. D., Cushman, F. A., Stewart, L. E., Lowenberg, K., Nystrom, L. E., and Cohen, J. D. (2009) Pushing Moral Buttons: The Interaction between Personal Force and Intention in Moral Judgment. *Cognition*, 111: 364-371.

Greene, J. D., Nystrom, L. E., Engell, A. D., Darley, J. M., Cohen, J. D. (2004) The Neural Bases of Cognitive Conflict and Control in Moral Judgment. *Neuron*, 44 (2): 389-400.

Greene, J. D., Sommerville, R., Nystrom, L., Darley, J., and Cohen, J. (2001) An fMRI Investigation of Emotional Engagement in Moral Judgment. *Science*, 293: 2105-2108.

Haidt, J. (2001) The Emotional Dog and its Rational Tail: A Social Intuitionist Approach to Moral Judgment. *Psychological Review*, 108: 814-834.

Hutcherson, C. A., Montaser-Kouhsari, L., Woodward J., and Rangel, A. (2015) Emotional and Utilitarian Appraisals of Moral Dilemmas Are Encoded in Separate Areas and Integrated in Ventromedial Prefrontal Cortex. *Journal of Neuroscience*, 9(36): 12593-12605.

Kahane, G. (2011) Evolutionary Debunking Arguments. *Noûs* 45(1): 103-125.

Kahane, G., Everett J. A. C., Earp, B. D., Farias, M., Savulescu, J. (2015) 'Utilitarian Judgments in Sacrificial Moral Dilemmas Do Not Reflect Impartial Concern for the Greater Good. *Cognition*, 134: 193–209.

Kahane, G., Wiech, K., Shackel, N., Farias, M., Savulescu, J., and Tracey, I. (2012) The Neural Basis of Intuitive and Counterintuitive Moral Judgment. *Social Cognitive and Affective Neuroscience*, 7(4): 393–402.

Kamm, F. M., Rakowski, E., Thomson, J. J., Hurka, T., and Kagan, S. (2015) *The Trolley Problem Mysteries*. Oxford: Oxford University Press.

Lakatos, I. (1970) Falsification and the Methodology of Scientific Research Programmes. In I. Lakatos and A. Musgrave (eds.) *Criticism and the Growth of Knowledge*. Cambridge, MA: Cambridge University Press, pp. 91–195. (「反証と科学的研究プログラムの方法論」中山伸樹訳，ラカトス／マスグレイブ (1985)『批判と知識の成長』森博監訳，木鐸社，1985 年，131–278)

Landy, J. F., and Goodwin, G. P. (2015) Does Incidental Disgust Amplify Moral Judgment? A Meta-Analytic Review of Experimental Evidence. *Perspectives on Psychological Science*, 10(4): 518–536.

Lazari-Radek, K., and Singer, P. (2012) The Objectivity of Ethics and the Unity of Practical Reason. *Ethics*, 123: 9–31.

May, J., and Kumar, V. (2018) Moral Reasoning and Emotion. In A. Zimmerman, K. Jones and M. Timmons (eds.) *The Routledge Handbooks of Moral Epistemology*. New York: Routledge.

Mikhail, J. (2011) *Elements of Moral Cognition: Rawls' Linguistic Analogy and the Cognitive Science of Moral and Legal Judgment*. New York: Cambridge University Press.

Paxton, J. M., Bruni, T., and Greene, J. D. (2014) Are 'Counter-intuitive' Deontological Judgments Really Counter-Intuitive? An Empirical Reply to Kahane et al. (2012). *Social Cognitive and Affective Neuroscience*, 9(9): 1368–1371.

Petrinovich, L., and O'Neill, P. (1996) Influence of Wording and Framing Effects on Moral Intuitions. *Ethology and Sociobiology* 17: 145–171.

Petrinovich, L., O'Neill, P., and Jorgensen, M. (1993) An Empirical Study of Moral Intuitions: Toward an Evolutionary Ethics. *Journal of Personality and Social Psychology*, 64: 467–478.

Pigden, C. (2010) *Hume on Is and Ought*. Palgrave Macmillan.

Railton, P. (2014) The Affective Dog and its Rational Tale: Intuition and Attunement. *Ethics*, 124(4): 813–859.

Satel, S., and Lilienfeld, S. O. (2013) *Brainwashed: The Seductive Appeal of Mindless Neuroscience*. New York: Basic Books. (サリー・サテル，スコット・O・リリエンフェルド『その〈脳科学〉にご用心──脳画像で心はわかるのか』柴田裕之訳，紀伊國屋書店，2013 年)

Schnall, S., Haidt, J., and Clore, G. (2004) Irrelevant Disgust Makes Moral Judgment More Severe, for Those Who Listen to Their Bodies. Unpublished manuscript.

Singer, P. (2005) Ethics and Intuitions. *The Journal of Ethics*, 9(3): 331-352.

Thomson J. J. (1976) Killing, Letting Die, and the Trolley Problem. *The Monist*, 59: 204-217.

Thomson J. J. (1985) The Trolley Problem. *Yale Law Journal*, 94: 1395-1415.

Timmons, M. (2008) Toward a Sentimentalist Deontology. In W. Sinnott-Armstrong (ed.) *Moral Psychology Volume 3: The Neuroscience of Morality*. Cambridge, MA: MIT Press.

Wheatley, T., and Haidt, J. (2005) Hypnotically Induced Disgust Makes Moral Judgments More Severe. *Psychological Science*, 16(10): 780-784.

植原亮（2017）『自然主義入門——知識・道徳・人間本性をめぐる現代哲学ツアー』勁草書房.

太田紘史編著（2016）『モラル・サイコロジー——心と行動から探る倫理学』春秋社

笠木雅史（2019）「進化論的暴露論証とはどのような論証なのか」蝶名林亮編『メタ倫理学の最前線』勁草書房，第 7 章

蟹池陽一（2008）「道徳判断と感情との関係——fMRI 実験研究の知見より」信原幸弘・原塑編著『脳神経倫理学の展望』勁草書房，第 11 章

第7章 道徳の実験哲学2──メタ倫理学*

太田紘史

7.1　はじめに

道徳的実在論と道徳的反実在論

　倫理学の諸分野のうち、行為の正しさを評価したり行為を指令したりする根拠となる原理を問う問題圏が、規範倫理学である。これに対して、そもそも行為の正しさのような道徳的性質は実在するのかという問いを中心とした問題圏が、メタ倫理学である。

　メタ倫理学における見解は、大きく分ければ道徳的実在論と道徳的反実在論に分かれる。一方で道徳的実在論によれば、(1)道徳判断は真あるいは偽の値をとることができ（すなわち真理適合的であり）、(2)道徳判断の少なくとも一部は真であり、かつ(3)その真理性は心から独立（mind-independent）した──すなわち客観的な──道徳的事実や道徳的性質のおかげである。たとえば、差別的な言動をしてはならないという判断が真であるのは、それに対応して実際に、差別的な言動をしてはならないからである。地球が丸いという判断が真であるのは、それに対応して実際に地球が丸いからだというのと、それはちょうど類比的である。ここで道徳的実在論者によれば、誰も認識していなくても地球が丸いのとまったく同じように、誰も主張していなくても差別的な言動をしてはならないのである。道徳的実在論は、通例このように客観主義に踏み込む仕方で提唱される。

───────────

＊　本章は太田（2019）を改稿したものである。

　これに対して道徳的反実在論は、上記の3点に対応してつぎの3通りの仕方で展開可能である。まず(1)すら否定するのがいわゆる非認知主義であり、それによれば道徳的判断はそもそも真理適合的ではない（e.g. Ayer 1936）。これに対して(1)を認めつつ(2)を否定するのがいわゆる錯誤説であり、それによれば道徳的判断は真理適合的だがすべて偽である（e.g. Mackie 1977）。最後に、(1)と(2)を認めつつ(3)を否定する見解も論理的に開かれている。それによれば、道徳的判断は真理適合的でありその一部は真であるが、それは心に依存（mind-dependent）した道徳的事実や道徳的性質のおかげである。

　最後のタイプの見解の一例としては、相対主義を挙げることができる（Harman 1975）。その1つのバージョンである文化相対主義によれば、道徳判断の真理性を支えるのは判断者が所属する文化共同体において是認された行為規範である。それゆえ道徳的判断は、その判断の真理値が、文化共同体ごとに異なりうる。このような見解のもとでは、道徳判断は真理適合的であるし、また実際に真なる道徳判断も存在する。ただそのように道徳判断を真にするものが、文化共同体に属する人々の心において是認された行為規範であり、この点で客観主義が否定される。

素朴メタ倫理学

　道徳的実在論と反実在論の間では、多様な論点をめぐって論争が繰り広げられてきた。ここで実在論の側の大きな理論的動機となっているのが、われわれの日常的な道徳が客観主義的コミットメントを持っているということである。この客観主義的コミットメントは、たとえば代表的な道徳的実在論者の1人であるマイケル・スミス（Smith 1994）によって、つぎのように説明されている。「われわれは、道徳にまつわる問いには正しい答えがあると考えているようである。すなわち、正しい答えというものは客観的な道徳的事実によって正しいものとなるのだ、と」（ibid., p. 6）。

　こうしたコミットメントは、素朴（folk）なメタ倫理学的見解として位置づけることができ、またその内容が客観主義的な主張点を含むことから「客観主義的な素朴メタ倫理学」と呼ぶのがふさわしい。その存在は、それ自体で、メタ倫理学における客観主義を支持する1つの大きな要因になるとされる。なぜ

なら、メタ倫理学的な理論構築が果たすべき仕事の 1 つ（もしかすると最も中心的な仕事）は、そもそも道徳とは何かを適切に説明することであり、そしてわれわれが道徳として知っているものがあるとすればそれは、われわれが実際に営んでいる道徳でしかないからである。スミスの言葉を再び借りれば、「メタ倫理学における哲学者の課題とは、日常的な道徳実践を理解することなのである」（ibid., p. 5）。

　しかし、こうした哲学者らは、一体どのようにして素朴メタ倫理学が客観主義的性格を有していることを知ったのだろうか。実は、少し振り返ってみれば、その想定を支える論拠はかなり断片的であることがわかる。たとえばある道徳的実在論者によれば、「われわれは、『子どもを殺すのは間違っているとするのが真だ』といった言い方を額面どおりに受け止めているように見える。われわれは道徳上の誤りの可能性を認めるし、それを偽なる語りや信念の事例として理解する」（Shafer-Landau 2003, p. 23）。

　だがそうした発話の存在は、客観主義的コミットメントの存在に対する頑健な証拠にはならない。というのもまず、それらの存在は例外的なものかもしれないからである。実はむしろ、「子どもを殺すのは間違っているとするのがこの国では真だ」という発話のほうが頻繁であり、哲学者が注目する（端的に）「真だ」というタイプの発話は偏ったサンプル採集によって注目されてきただけなのかもしれない。あるいはつぎのような可能性もある。われわれの「真だ」という語はいわば略記的なものであって、常に「この国では真だ」という内容を暗黙的に表現しており、それゆえ素朴メタ倫理学は実は一貫して相対主義的であるのかもしれない。こうした可能性はほかにもさまざまな仕方で考えられる。

　そうした事態が判明したならば、道徳的実在論者がしばしば採用する客観主義への理論的動機はかなりくじかれるだろう。もちろん、ほかにも道徳的進歩や道徳規範の普遍性といった動機もあるだろうが、少なくとも、道徳を説明するというプロジェクトとしての客観主義的理論が見直しを迫られることになるのは間違いない。そして、注目すべきことに、近年の実験哲学的研究では、まさに素朴メタ倫理学の非－客観主義的性格を支持する知見が得られているのである。

本章ではそうした知見を紹介するとともに、それが実在論と反実在論の間の論争にどのように関わりうるか、その哲学的意義を見ていくことにしよう。まずジェフリー・グッドウィンとジョン・ダーリー（Goodwin and Darley 2008）による「メタ倫理学の心理学——客観主義を探る」と題された研究を紹介した上で（7.2節）、ハゴップ・サーキシアンら（Sarkissian et al. 2011）による「素朴な道徳相対主義」と題された研究を紹介する（7.3節）。その後、関連するメタ倫理学的なアイデアについての実験哲学的研究や、人々の反応に相関する諸要因や行動についての研究をいくつか紹介することにしよう（7.4節）。

7.2　素朴客観主義を探る

人々は道徳についてどれくらい客観主義的か

グッドウィンとダーリーは、人々が道徳的問題にどのように反応するかを通じて、人々が客観主義にどれくらいコミットしているのかを調べた（Goodwin and Darley 2008）。本節ではその要点となる実験手法と結果を紹介しよう。

実験素材はつぎのような、4種類の言明である。第一は事実に関する言明であり、たとえば「ボストンはロサンゼルスよりも北にある」といったものである。第二は道徳に関する言明であり、たとえば「遊ぶ金欲しさに銀行強盗をしかけるのは道徳的に悪い行為だ」といったものである。第三は慣習に関する言明であり、たとえば「研究会にパジャマとバスローブを着て参加するのは不適切な行動だ」といったものである。第四は趣味に関する言明であり、たとえば「フランク・シナトラはマイケル・ボルトンよりも良い歌手だ」といったものである。これらの言明に対して、人々はどれくらい同じ（あるいは異なった）程度の客観主義的コミットメントをもって反応するだろうか。これが、彼らが調べようとしたことである。

実験手続きはつぎのようなものであった。実験参加者は上記4種類のさまざまな言明（合計26個）を呈示され、各々の言明について賛成するどうかを6件法で答えさせられる（反対＝1点、賛成＝6点）。その後、参加者はつぎのような質問紙を与えられ、自分が強く賛成あるいは反対した言明について想起させられるとともに、自分とは異なる回答を与えた人物についてどう思うかを問われ

る。

つぎの言明を思い出してください : _____

あなたは_____点をつけたので、この言明には強く賛成［反対］しているは
ずです。さて、調査を受けた別の人は、この言明に強く反対［賛成］してい
ます。つまり、その人はあなたと鋭く対立しているわけです。

この対立についてあなたはどう考えますか？　この調査では、あなたがこれ
についてどう個人的に考えているかを聞かせていただきたいのです。今聞か
せていただきたいのは、その人に対してどう言うつもりかということではあ
りません。むしろ、以下から１つ選んでいただきたいのです。

(1)その人が間違っているに決まっている。
(2)自分もその人も間違ってはいないのかもしれない。
(3)自分が間違っていて、その人のほうが正しいのかもしれない。
(4)その他 : _____

　ここで参加者が(1)あるいは(3)を選べば３点（客観主義的）としてスコア化さ
れ、(2)を選べば１点（非－客観主義的）としてスコア化された。その結果はつぎ
の通りであった。スコアは事実言明に関しては平均で2.91点、道徳言明に関
しては2.56点、慣習言明に関しては2.00点、趣味言明に関しては1.34点で
あった。道徳言明に関するスコアは、事実言明のそれよりは有意に低かったも
のの、慣習言明よりは有意に高かった（また慣習言明のそれは趣味言明のそれより
有意に強かった）。こうした反応傾向に基づいて考えれば、人々が道徳について
抱く客観主義的なコミットメントは、慣習や趣味についてのそれよりは強いか
もしれないが、典型的な事実にまつわる問題についてのそれよりは弱いように
見える（以上 Experiment 1）。

反応の可変性

　グッドウィンとダーリーはさらなる実験を行っている。参加者は呈示された道徳言明について、「それが真であるかどうかについて正しい答えが存在しうるか」と問われた。それに対し、参加者の70%が肯定的な返答を行った。この結果からは、道徳についての客観主義的なコミットメントの存在が示唆されるように思われる。だが事はそう単純ではない。たとえば銀行強盗や試験での不正にまつわる道徳言明が呈示された場合には、「正しい答えが存在しうるか」という問いに対する肯定的反応はいずれも83%に達したが、他方で、安楽死、人工妊娠中絶、幹細胞研究などにまつわる道徳言明が提示された場合は、その問いに対する肯定的反応はそれぞれ17%、22%、24%にとどまった（以上Experiment 2）。

　こうした反応の差異には、いくつかの要因が因果的に関わっているようである。たとえば、後の調査からも判明しているところによれば、呈示された問題への答えについて社会的合意があると見なされるかどうかがそれに関わっている（Goodwin and Darley 2012）。実際、道徳言明が呈示されるときに、それが正しいかどうかについて合意が得られているという情報を付加すると、参加者がその問題に対して客観主義的に反応する度合いが高まったのである。

　こうした精妙さを考慮に入れると、人々がどのような見解にコミットしているのか、そしてそれをどのような文脈のもとでどのように顕現させるかは、かなり複雑なものかもしれない。それゆえ、むしろこうした文脈依存的な反応傾向を考慮に入れて、その背後にあるコミットメントを探る必要があると思われる。実際その後の多くの経験的探究はそうした観点を積極的に取り込んでおり、そのうちの一部の研究は、人々の反応の背後にある相対主義的なコミットメントを明るみに出そうとしている。次節ではそうした研究の代表として、サーキシアンらによるものを概観しよう（Sarkissian et al. 2011）。

7.3　素朴相対主義を探る

実験条件に文化差を組み込む

　サーキシアンらは、大学生からなる参加者に対して、つぎのように想像させ

た。ある男が自分の末の子供をまるで可愛くないという理由で殺したという。そして、参加者自身の大学のクラスメートはその逸話を聞いて、その殺人は道徳的に間違ったことだと考えたが、他方でサムという名の学生のほうは、その殺人には道徳的に問題がないと考えたという。——以上のように想像させられたあと、参加者はつぎのように問われた。

　彼らがこの事件について異なる判断を下したのだとして、あなたにお尋ねします——少なくともどちらかが間違っていると思うかどうか、あるいは両者とも実は正しいのだと思うかどうか。つまりは、あなたは以下の言明にどれくらい賛成あるいは反対しますか？

　「クラスメートとサムはこの事件について異なる判断を下しているので、少なくともどちらかは間違っている。」

　こうして実験参加者は、最後に挙げられた質問に 7 件法で答えさせられる（7 点＝賛成、1 点＝反対）。以上が「同文化条件」である。ほかに「異文化条件」と「地球外条件」があり、実験参加者はこれら計 3 つの条件のうちどれか 1 つに割り当てられる。異文化条件では、シナリオがつぎの点においてのみ異なる——当の殺人には道徳的に問題がないと考えたのは、サムではなく、自分の社会とはまったく異なる価値観を持ったアマゾンの部族の人物である。地球外条件では、シナリオがつぎの点においてのみ異なる——当の殺人には道徳的に問題がないと考えたのは、サムではなく、人間とはまったく異なる心理構造を持った地球外の知的生物である。

　その結果、同文化条件での反応の平均値は理論的中点（4 点）を上回り、異文化条件でのそれは理論的中点の付近であり、地球外条件でのそれは理論的中点を下回るものであった（図 7.1）。また、前者 2 条件の間においても、後者 2 条件の間においても、反応の度合いは有意に異なっていた（以上 study 1）。これはアメリカの大学生を対象にした実験だが、同様の結果は、シンガポールの大学生を対象にした実験でも得られた（study 2）。

　こうした結果を客観主義的なコミットメントを想定しながら説明するのは難

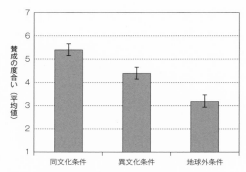

図 7.1　サーキシアンらの実験（study 1）の結果（Sarkissian et al. 2011, p. 488）

しいが、その可能性もまったくないわけではない。すなわち、本当は人々は客観主義的なコミットメントを有しているのだが、他文化条件や地球外条件では、そこで与えられたシナリオによってそのコミットメントの運用にバイアスがかかったと考えるのである。だがもしそうだとすると、各参加者に3つの実験条件すべてを割り当てれば、そうしたバイアスは解消されると予想される。そこでサーキシアンらは実際にそのような実験を行ったが、結果は先ほどと同様であった。すなわち、やはり実験条件間で反応に有意な差異が見られたのである（study 3）。最後に付言すれば、こうした実験条件間の差異は、道徳的な意見対立を題材にしたときにだけ見られ、道徳には関わらない事実をめぐる意見対立を題材にしたときには見られなかった（study 5）。

人々が相対主義的なコミットメントを持つことの哲学的含意

　こうした経験的知見は、人々が客観主義的というよりはむしろ相対主義的なコミットメントを有していることを示唆する。もちろん文脈によっては——たとえば上記の同文化条件では——人々は一見客観主義的に反応しているように見えるが、それは相対主義的なコミットメントの存在からも予測できる。なぜなら2人の意見が対立しているときでも、その2人が同じ文化共同体に所属している限り、少なくともどちらか一方の意見がその共同体に相対的に偽であることにはなるからである。

　哲学者はしばしば、素朴メタ倫理学が客観主義的であると想定してきた。この想定のもとで哲学者がとる道はさまざまあるが、大きく分ければ2通りにな

る。第一の道は、素朴メタ倫理学が客観主義的であると想定し、そうしたコミットメントをそのまま受容する理論構築を行うというものである。標準的な道徳的実在論はこれに該当する。だがサーキシアンらの研究が示唆するように素朴メタ倫理学が相対主義的なものであるのならば、この道はほとんど不可能になるだろう。メタ倫理学者の仕事として、何らかの素朴メタ倫理学を受容したり理解したりするという課題は残り続けるだろうが、その課題の対象はもはや客観主義的なコミットメントとは異なる何か別のものとなる。それゆえこうしたメタ倫理学者は、客観主義を推進する上で、それをある種の修正主義的な理論として提唱せざるをえなくなるだろう。

　第二の道は、素朴メタ倫理学が客観主義的であると想定しつつ、しかしそうしたコミットメントを誤りとして退けるような理論構築を行うというものである。たとえば錯誤説はこれに該当する。特にＪ・Ｌ・マッキー（Mackie 1977）は錯誤説を提唱するときに、われわれの客観主義的コミットメントに支えられた道徳的判断はすべて偽であると明示的に論じた。しかし、素朴メタ倫理学がそもそも客観主義的コミットメントを含まないと判明する限り、錯誤説はかなりの再構築を求められることになると思われる。

　これらに対して、むしろ有望さを増すのは相対主義である。サーキシアンらの研究を考慮に入れれば、そこで示唆される文化相対主義的コミットメントを受容するという点で、メタ倫理学的見解としての文化相対主義は相応の理論的長所を有することになる。もちろん、メタ倫理学的見解としての文化相対主義が正しいという含意が直接もたらされるわけではないが、少なくとも、これまでの論争の経緯を記したスコアボードが大きく書き換えられることは間違いない。

7.4　他のさまざまな研究

道徳的不一致はどのように理解されているか

　前節では、素朴相対主義を示唆する実験哲学的研究の成果と、それがメタ倫理学的見解としての相対主義を有力にするという点を概観した。しかし相対主義全般には、いくつかの哲学的困難がつきまとうことが知られている。そのう

ち最も大きなものは、仮に相対主義が正しければ道徳的不一致（moral disagreement）が真正の仕方では存在しなかったことになってしまう、というものである。

あるフランス住民が「死刑は悪いことだ」と言い、他方で、ある日本住民が「死刑は悪いことではない」と言ったとしよう。このとき両者の意見は、一見するところ矛盾しており、それゆえそこには不一致があるかのようだ。だが道徳についての文化相対主義が正しいとすれば、道徳的な悪さというものは文化共同体という文脈に相対的なものでしかない。それゆえフランス住民の主張の内容は〈死刑はフランスでは悪いことだ〉というものであり、日本住民の意見の内容は〈死刑は日本では悪いことではない〉というものである。こうして両者の意見は実は相互に矛盾するようなものではなく、真正の不一致は存在しなかったということになる。

道徳的判断に関する文化相対主義からのこのような帰結は、かなり馬鹿げているように思われる。実際、われわれは道徳的不一致が生じた際に、端的に相手の主張をその内容において否定しようと試みているし、またわれわれは自らの道徳実践をそのように理解している。これはメタ倫理学的見解としての相対主義をめぐる困難の1つであり、古くから知られていたものである（Moore 1922, p. 336）。だがよく見てみると、この論点にも1つの経験的問題が含まれていることがわかる。それは他でもなく、そもそもわれわれは道徳的不一致をどのようなものとして理解しているのかという問題である。

ジャスティン・クーとジョシュア・ノーブ（Khoo and Knobe 2018）は、この点に関わるつぎのような実験を行っている。まず彼らは参加者に対して、前節のサーキシアンらと同様に、道徳的意見の異なる2人のシナリオを用いて、つぎのように問うた——少なくともどちらか1人が間違っているだろうか。するとやはり、これに賛成する度合は同文化条件で最も高く、地球外条件で最も低く、異文化条件ではその中間であった。さて、ここからが重要であるが、彼らはこのように参加者の相対主義的な反応を再現した上で、参加者につぎの問いを与えた——シナリオ中で意見が異なっている2人の間で、一方が他方に対して“NO”と言って相手の主張を退けることは適切か。すると参加者はシナリオの条件に関わらず一貫して、それが適切だと答える傾向にあった。つまり参加

者は、相対主義的反応を示しながら、それと同時に道徳的不一致の存在を認めるような反応を示したのである（Experiment 1）。さらにこの研究では、つぎのような、より直接的な問いを用いた実験も行われた――2 人の間に不一致はあるだろうか。結果は先ほどと同様であり、参加者は条件に関わらず、そこに不一致があると答える傾向にあった（Experiment 2）。

　この実験結果から示唆されるのは、人々は一方で相対主義的なコミットメントを有しながら、他方でまさにそれを顕現させるときでも道徳的不一致が存在すると見なす、ということである。つまり人々にとって道徳的不一致とは、そこでの主張がその内容上両立可能なものであり、かつ、それでも一方が他方を拒否することが可能になるようなものである。そうだとすれば道徳的不一致という現象は、相対主義ではなくむしろ客観主義にとって都合の悪いものであるかもしれない。

素朴メタ倫理学の相関項

　人々の素朴メタ倫理学的な反応は、さまざまな要因によって変動することが判明している。たとえば、罰に対する動機（Rose and Nichols 2019）、死への恐怖（Yilmaz and Bahçekapili 2018）、対抗的な討論スタイル（Fisher et al. 2017）は、客観主義的な反応傾向を強めるようである。また素朴メタ倫理学的な反応の差異は、人々の属性や特性とも相関することが判明している。たとえば、10 代や 20 代の人々は、それよりも高齢の世代に比べて客観主義的な反応傾向が弱い（Beebe and Sackris 2016）。またある研究では、「経験への開放性」として知られる性格特性に関して高いスコアを示した人々は、それが低い人々に比べて、より非－客観主義的な反応を示す傾向にあった（Feltz and Cokely 2008）。また、宗教的信条はより強い客観主義的な反応傾向と相関し、両者の間には相互に因果作用があることが示唆されている（Yilmaz and Bahçekapili 2015; Sarkissian and Phelan 2019）。

　こうした研究はどれも興味深いが、人々のコミットメントを推定する上では、行動研究も示唆的である。たとえばタージ・レイとキース・ホリオーク（Rai and Holyoak 2013）は、つぎのような実験を行った。まず参加者のうち一部を「相対主義条件」に割り当て、女性器切除の風習について説明する文章を読ま

せるとともに、その風習を相対主義的な観点から支持する文章を読ませる。他方で別の参加者については「客観主義条件」に割り当て、女性器切除の風習を客観主義的な観点から否定する文章を読ませる。それ以外の参加者は、コントロール条件として、料理に関するシェフの意見を読ませられる。その後で参加者はみな、サイコロを使った現金クジの機会を与えられる。参加者はサイコロを振って出た目が大きいほどより多くの現金を得ることができるが、ここで参加者はその目をごまかして申告することができるようになっている。結果、参加者が申告した目の数は、コントロール条件と客観主義条件の間では変わらなかったものの、相対主義条件でのそれは有意に高かった（Experiment 1）。彼らはこの結果をつぎのように説明している。人々のコミットメントは基本的に客観主義的であり、それは道徳的に悪い行動を抑止するように機能しているが、これは相対主義を示唆する刺激によって弱められる。

　他方でレイとホリオークは、さきほどと同様の条件を参加者に割り当てた上で、つぎのような仮想的場面で自身ならどう行動するかを参加者に問うた——雑貨店で、明らかに誤って安い値段を表示してある商品を見つけた場合、そのまま購入するかどうか。すると、参加者がそれに肯定的に答える傾向は、コントロール条件と相対主義条件の間では変わらなかったものの、客観主義条件でのそれは有意に低かった（Experiment 2）。この結果は先ほどと逆転しているように見える。すなわち、ここでの人々のコミットメントは、基本的に相対主義的だということになると思われる（cf. Young and Durwin 2013; Lu et al. 2017）。

　これらの結果を一貫したコミットメントによって説明することは難しそうである。仮に人々のコミットメントが一貫して相対主義的であるならば、彼女らの行動は相対主義を示唆する刺激によっては影響されないはずであり、（何らかの影響を受けるとすれば）客観主義を示唆する刺激によってのみ影響を受けるはずだからである。同様のことが、一貫した客観主義的コミットメントを措定する場合にも言える。むしろ可能な説明は、人々のコミットメントは総体として一貫しておらず、ある問題文脈については客観主義的であるものの、他の問題文脈については相対主義的であるというものだ。いくつかの経験的研究はすでに、こうした非一貫性の可能性を積極的に探ろうとしている（Wright et al. 2013; Wright 2018; Pölzler and Wright 2019a）。

　以上のような非一貫性の可能性は、メタ倫理学における不整合説を支持する
かもしれない（Loeb 2008）。その考えによれば、われわれの道徳語は、その一
貫した意味論が不可能なほどに混乱している。あるいはそれは、変動説を支持
するかもしれない（Gill 2008; 2009）。その考えによれば、われわれの道徳語は、
全体的には一貫していないが局所的に一貫した意味論を有しうる。実際、こう
した見解の提唱者は、それを追求する上で経験的知見が重要な役割を果たすと
いう点では合意している。今後のさらなる経験的研究によって、こうした可能
性が検証されていくに違いない。

7.5　おわりに

　われわれは道徳に関してどのようなコミットメントを有しているのか、また
そうしたコミットメントはその深部において一貫したものなのかどうか。われ
われの道徳的コミットメントはどのようなパターンで顕現するのか、そしてそ
の顕現を支えるメカニズムはどのようなものなのか。こうした問題はもちろん
簡単に答えられるものではなく、方法論上の問題も多く残されている（Pölzler
2017; 2018）。しかしそれでも、素朴メタ倫理学についての経験的探究の道は確
かに開かれはじめている。さらに言えば、今のところ、経験的探究から得られ
ている知見は全体として道徳的実在論に対して圧力をかけているというのが実
験哲学者らによる主な診断であり（e.g. Pölzler and Wright 2019a; 2019b; Hopster
2019）、これに対する実在論者の側からの応答が待たれている状況である。
　経験的探究だけで道徳の実在性というメタ倫理学上の問題が解けるわけでは
ないが、その問題をめぐる論争は実験哲学にとっての格好のターゲットになる
だろう。そしてそれはメタ倫理学者の仕事を奪うというよりはむしろ、メタ倫
理学者が取り組むべき問題の幅を広げる――あるいは本来最初から取り組んで
おくべきだった問題へと振り向かせる――という役割を果たすことになるだろ
う。

参照文献

Ayer, A. J. (1936) *Language, Truth and Logic*. London: Gollancz.（A・エイヤー『言語・真理・論理』吉田夏彦訳，岩波書店，1955年）

Beebe, J. R., and Sackris, D. (2016) Moral Objectivism Across the Lifespan. *Philosophical Psychology*, 29(6): 912–929.

Feltz, A., and Cokely, E. T. (2008) The Fragmented Folk: More Evidence of Stable Individual Differences in Moral Judgments and Folk Intuitions. In *Proceedings of the 30th Annual Conference of The Cognitive Science Society*. Austin, TX: Cognitive Science Society, pp. 1771–1776.

Fisher, M., Knobe, J., Strickland, B., and Keil, F. C. (2017) The Influence of Social Interaction on Intuitions of Objectivity and Subjectivity. *Cognitive Science*, 41(4): 1119–1134.

Gill, M. B. (2008) Metaethical Variability, Incoherence, and Error. In W. Sinnott-Armstrong (ed.), *Moral Psychology, Volume 2: The Cognitive Science of Morality*. Cambridge: MIT Press, pp. 387–401.

Gill, M. B. (2009) Indeterminacy and Variability in Meta-Ethics. *Philosophical Studies*, 145(2): 215–234.

Goodwin, G. P., and Darley, J. M. (2008) The Psychology of Meta-Ethics: Exploring Objectivism. *Cognition*, 106(3): 1339–1366.

Goodwin, G. P., and Darley, J. M. (2012) Why Are Some Moral Beliefs Perceived to Be More Objective Than Others? *Journal of Experimental Social Psychology*, 48(1): 250–256.

Harman, G. (1975) Moral Relativism Defended. *The Philosophical Review*, 84(1), 3–22. Reprinted in J. Meiland and M. Krausz (eds.), *Relativism: Cognitive and Moral*. Notre Dame: University of Notre Dame Press.（G・ハーマン「道徳的相対主義」，J・W・メイランド，M・クラウス編『相対主義の可能性』常俊宗三郎ほか訳，産業図書，1989年，pp. 356–386）

Hopster, J. (2019) The Meta-Ethical Significance of Experiments About Folk Moral Objectivism. *Philosophical Psychology*, 32(6): 831–852.

Khoo, J., and Knobe, J. (2018) Moral Disagreement and Moral Semantics. *Noûs*, 52(1): 109–143.

Loeb, D. (2008) Moral Incoherentism: How to Pull a Metaphysical Rabbit Out of a Semantic Hat. In W. Sinnott-Armstrong (ed.), *Moral Psychology, Volume 2: The Cognitive Science of Morality*. Cambridge: MIT Press, pp. 355–385.

Lu, J. G., Quoidbach, J., Gino, F., Chakroff, A., Maddux, W. W., and Galinsky, A. D. (2017) The Dark Side of Going Abroad: How Broad Foreign Experiences Increase Immoral Behavior. *Journal of Personality and Social Psychology*, 112(1): 1–16.

Mackie, J. L. (1977) *Ethics: Inventing Right and Wrong*. New York: Penguin.（J・マ

ッキー『倫理学——道徳を創造する』加藤尚武監訳，哲書房，1990 年）

Moore, G. E. (1922) *Philosophical Studies*. New York: Harcourt, Brace and Co. Inc.

Pölzler, T. (2017) Revisiting Folk Moral Realism. *Review of Philosophy and Psychology*, 8(2): 455-476.

Pölzler, T. (2018) How to Measure Moral Realism. *Review of Philosophy and Psychology*, 9(3): 647-670.

Pölzler, T., and Wright, J. C. (2019a) Anti-Realist Pluralism: A New Approach to Folk Metaethics. *Review of Philosophy and Psychology*. https://doi.org/10.1007/s13164-019-00447-8

Pölzler, T., and Wright, J. C. (2019b) Empirical Research on Folk Moral Objectivism. *Philosophy Compass*, 14(5): E12589.

Rai, T. S., and Holyoak, K. J. (2013) Exposure to Moral Relativism Compromises Moral Behavior. *Journal of Experimental Social Psychology*, 49(6): 995-1001.

Rose, D., and Nichols, S. (2019) From Punishment to Universalism. *Mind & Language*, 34(1): 59-72.

Sarkissian, H., Park, J., Tien, D., Wright, J. C., and Knobe, J. (2011) Folk Moral Relativism. *Mind & Language*, 26(4): 482-505.

Sarkissian, H., and Phelan, M. (2019) Moral Objectivism and a Punishing God. *Journal of Experimental Social Psychology*, 80: 1-7.

Shafer-Landau, R. (2003) *Moral Realism: A Defence*. Oxford: Oxford University Press.

Smith, M. (1994) *The Moral Problem*. Oxford: Blackwell.（M・スミス『道徳の中心問題』樫則章訳，ナカニシヤ出版，2006 年）

Wright, J. C. (2018) The Fact and Function of Meta-Ethical Pluralism: Exploring the Evidence. In T. Lombrozo, S. Nichols, and J. Knobe (eds.), *Oxford Studies in Experimental Philosophy, Volume 2*. Oxford: Oxford University Press.

Wright, J. C., Grandjean, P. T., and Mcwhite, C. B. (2013) The Meta-Ethical Grounding of Our Moral Beliefs: Evidence for Meta-Ethical Pluralism. *Philosophical Psychology*, 26(3): 336-361.

Yilmaz, O., and Bahçekapili, H. G. (2015) Without God, Everything Is Permitted? The Reciprocal Influence of Religious and Meta-Ethical Beliefs. *Journal of Experimental Social Psychology*, 58: 95-100.

Yilmaz, O., and Bahçekapili, H. G. (2018) Meta-Ethics and The Mortality: Mortality Salience Leads People to Adopt a Less Subjectivist Morality. *Cognition*, 179: 171-177.

Young, L., and Durwin, A. J. (2013) Moral Realism as Moral Motivation: The Impact of Meta-Ethics on Everyday Decision-Making. *Journal of Experimental Social Psychology*, 49(2): 302-306.

太田紘史 (2019)「我々は客観主義者なのか？——メタ倫理学への実験哲学的アプロ

ーチ」，蝶名林亮編『メタ倫理学の最前線』，勁草書房，pp. 319-343.

第8章 社会心理学から見た実験哲学

唐沢かおり

8.1 はじめに

実験哲学という領域は、多くの日本の心理学者にとって、未だなじみが薄いものだ。名前は聞いたことがあっても、それがどのようなミッションを持つ領域なのか、よく知らない場合もあるだろう。また、哲学が実験を行うということについて、不思議さを感じたり、違和感を持つ人もいるかもしれない。

しかし、本書の各章をみるならば、実験哲学はすでに相当な数の研究を積み重ねた領域として確立されていることがわかる。またその内実は、心理学、とりわけ社会心理学や認知心理学と非常に近いところにある。テーマにもよるが、引用されている論文の中には、社会心理学系や認知心理学系の雑誌に掲載されているものも見受けられる。心理学者は、自らの研究の中でそれらを普段から目にし、「実験哲学」の論文だと意識することなく、参照しているのではないだろうか。心理学にとって実験哲学は、関心を寄せるべき領域として、隣に存在しているのである。

権威ある雑誌論文として、心理学者に対して初めて実験哲学の存在がまとまって紹介されたのは、筆者が把握している限りにおいては、ジョシュア・ノーブらが *Annual Review of Psychology* に発表した論文においてだろう（Knobe et al. 2011）。そこでは実験哲学を、「従来、哲学者が問題としてきた問いを心理学の方法を用いて探究する学際的試み」とした上で、具体的なトピックの実例として、道徳にかかわる概念、自由意志、現象的意識が挙げられていた。また、そこで行われる研究の具体的な手法として、一般の人たちに特定の概念にかか

わる記述や状況を表現したシナリオを提示し、そこでの反応を測定するというものが紹介されていた。

　この論文が出されたときから比べると、実験哲学という領域は現在いっそう拡大し、多くの実証研究を積み重ねてきている。本章ではその成果や方法論について、社会心理学という、いわば外の立場にいる者の目から論じていく。実験哲学と社会心理学は、質問紙で提示した仮想的な場面についての判断を求めるというデータ収集の手法を共有している。また、社会心理学においても、責任、自己、心など、社会的な行動に影響をもたらす主要な概念を人々がどのように認識しているのか、その内容を実証的に明らかにすることを試みるため、概念を検討するというミッションも実験哲学と重なるところがある。一方で、一般の人々が行う素朴な判断というデータをもとに議論される内容については、もちろん差異があるし、そもそも概念というものに対する考え方も、かなり異なるように思われる。両者は「似ているが異なっている」のである。

　事前にお断りしておくと、社会心理学者である筆者は、哲学に関する専門的なトレーニングはまったく受けていない。ただ、専門とする社会的認知、特に心の知覚、道徳的判断や行動というような領域では、近年、実験哲学からのアプローチも盛んにおこなわれており、その立場で執筆された論文に接することも多い。また、哲学者に誘われ、概念理解の文化比較など、実験哲学領域の共同研究にも取り組んできた。いわば、実験哲学という他人の庭に頻繁に訪れる部外者である。そういう立ち位置のもと、社会心理学をバックグラウンドとした考察を示すことで、実験哲学を相対化し、内部からの議論とは異なる視座を提供できればと考えている。

　本章ではまず実験哲学が抱えるプロジェクトについて、心理学との関わりに焦点を当てつつ考察し、次いで、研究の方法がもたらす問題をいくつか指摘する。その中で、実験哲学が、心的過程に関する心理学の知見に目を向け活用することの意義や、知見の用い方に関して問題となる点について論じていく。最後に、「概念について人に尋ねる」という手法に基づいて、実験哲学がなしうる学術的貢献について、その将来への期待も含めて考察することにしたい。

8.2　実験哲学のプロジェクトと心理学

　実験哲学は、もちろんそれ独自のミッションを持つが、一般の人の理解や考え方を問うという点で、心理学、とりわけ社会心理学や認知心理学の一部と近いところにある。したがって、心理学との関係を確認していくことで、その特徴や問題を明確にすることができるのではないだろうか。ただし、両者の関係は、実験哲学の持つプログラムによって異なるので、それに即した検討が必要だ。第1章の鈴木貴之による議論、また、他の章の議論でも示唆されていることだが、現在の実験哲学研究は、データを用いる目的によって、大きく分けて3つのプログラムを抱えているようだ。以下ではこのことに加え、心理学との接点や相互に貢献し合う可能性、実証データの用いられ方も踏まえながら、考察を進めよう。

3つのプログラムとデータを用いる目的の違い

　議論を始めるに当たって、他の章と内容が重複してしまうが、確認のために3つのプログラムを、実証データを何に用いるのかという観点から、改めてリストしておく。

　1つ目は、肯定的プログラム（positive program）と呼ばれるものだ。このプログラムは、哲学者の直観によって構築された特定の理論を支持したり批判したりするために、実証的なデータを用いようとする。ある理論について、データが人々の行う素朴な判断と整合的であるなら、それはより妥当なものに思える一方、人々の判断とは異なっているなら、そのような理論に対して批判的な議論を行う（または少なくとも、人々の判断とは異なる理論が妥当であることを説明する議論を要求する）根拠となりうるという理屈に基づいたプログラムである。

　2つ目は、ある哲学理論に関する人々の直観的判断が不安定であったり、文化を越えて一貫していないことを暴くことで、哲学者の直観に基づく理論構築という方法論を否定するものだ。これは否定的プログラム（negative program）と呼ばれており、分析哲学の従来の方法論自体を批判するためにデータが用いられる。

　3つ目のプログラムは、データを、ある反応を生み出す心的メカニズムを明らかにするために用いるというものである。このプログラム（本書では認知科学としての実験哲学と呼ばれている）は、データを哲学理論や方法論の妥当性を検討するために用いるというよりも、「なぜそのような結果が得られたのか」という説明を作り出すために用いるところに特徴がある。

認知科学としての実験哲学と心理学の関係

　これらのプログラムと心理学の関係、また心理学的な実証知見の位置づけをみると、3つ目のプログラムは（認知科学としての実験哲学という表現の通り）、ほぼ心理学と同じことを目指していると言える。人々が行う判断について、その説明の原理を心のメカニズムに、また、それと環境要因との相互作用に求めるというのは、まさに心理学が行っていることである。したがって、このプログラムを志向する研究は、実験哲学であるとともに心理学でもあるということになる。このプログラムの下にある研究が、哲学という領域に対して示してきた具体的な学術的貢献に関する議論は、他の章でも詳しく述べられているが、心理学的な課題を明らかにすることが、同時に哲学的な課題を考察する上でも有効であることが、このプログラムの展開から示唆される。

　もっとも、「心理学でもあり実験哲学でもある」なら、ここで押さえておくべきことは、このプログラムの展開（または哲学者の参画）が、旧来の心理学にどう貢献したのか、また今後どのような貢献をなしうるのかということだ（たんに心のメカニズムを明らかにすることだけであれば、それは実験哲学ではなく心理学である）。この点については、実証知見の意義を哲学理論と関係づけた考察の意義をあげることができるだろう。

　心理学は、心的過程に関するモデルを構築することで実験結果を説明するが、それにとどまらず、できればそのような心的過程の存在意義に関しても議論を広げたいという動機を持つ。「いかにそのような判断を行うのか」だけではなく、「なぜそのような判断を行うのか」を論じたいのである。その際、用いられる主要なロジックは、認知経済的合理性や、自己高揚的な原理など、判断者にとって何らかのベネフィットがあるというものである。また、進化心理学が盛んになって以降は、そのようなベネフィットをもたらす心的過程が進化の産

物として残ってきたという議論が、これらを統括するメタ理論として機能してきた（沼崎 2014）。

　これらの議論は、私たちの心のあり方とその存在意義を意味づけるための、有効な解釈の 1 つではある。しかし、それ以外の理解、とりわけ、人間の幸福や社会の安定、正義の実現、道徳の維持など、人間にとって重要な価値の観点から心的過程の規範性についての議論を深めることができれば、心理学が提供する知見は、人間のあり方などの人文学的論点ともつながってくることになる。認知科学としての実験哲学はここで重要な役割を果たし、心理学が提出する知見の方向性、ひいては、判断や行動の本質とは何かという議論を創出する可能性を持つのである。

　このような貢献の事例は、規範倫理学、また、自由意志や行為の実験哲学において論じられている研究に見出すことができる。心理学は、道徳という問題について、その判断をめぐる諸要因の役割解明や、背後にある心的メカニズムの解明などを中心に、古くから関心を寄せてきた。古典的な研究では、道徳的判断が、理性的、合理的な思考の結果として位置づけられており、ローレンス・コールバーグらの発達的な研究では、成長に従いそこに至る段階が論じられていた（Kohlberg 1981）。また、非道徳的行為に対する責任の帰属や非難は、意図の推論や統制可能な要因への原因帰属など、認知的な過程に基づいて行われるというモデルが示されていた（e.g. Shaver 1985; Weiner 1986）。しかし、社会的認知研究のもとで判断バイアスの生起メカニズムに関する研究が進んで以来、（他の判断と同様）非難のような感情的要因が道徳的判断を方向づけるさまが明らかにされてきた（e.g. Alicke 2000）。

　この潮流の中で、実験哲学の研究は、道徳的判断の本質に関する理解の促進に大きく貢献した。たとえば、トロリー問題が提示するような義務論と功利主義という道徳的判断原理や、自由意志信念、ノーブ効果といった論点を導入したことは、大きな意味を持つ。これらの研究が新たに導入すべき変数への示唆を与え、道徳的感情の役割を重視する道徳的判断のモデルに関する議論を強化し、心的過程の特徴が道徳システムの維持に与える含意についての考察を深めてきたことは、各章が論じている通りである。

肯定的プログラム・否定的プログラムと心理学の関係

　では、他の2つのプログラムについてはどうだろうか。肯定的プログラムは、データとの整合性を根拠に、対立する理論やモデルの妥当性を論じようとしている。データとの整合性を根拠に説明モデルの選択を行うという点に着目すれば、これは多くの科学が採用する方法だ。一方、否定的プログラムは、哲学の従来の方法を否定することを目的としている。つまり、検討対象となるのは、哲学理論のコンテンツというよりも、その理論を生み出した方法そのものである。ただし、実証データを得る方法は、肯定的プログラムと変わらない。このようなミッションの差と、手法の共通性を前提とした上で、各プログラムを心理学の立場からみていこう。

　まず確認しておきたいのは、実験哲学が検討したい理論やモデルの性質が、「実験」を通過することで被る変質である。

　実験哲学の問いを本書に即して具体的にあげると、知識とは何か、固有名とは何か、自由意志とは何か、意図的な行為とは何か、行為の正しさとは何か、などである。実験「哲学」であるからには、（当たり前のことだが）検証の対象はこれらの概念に関する哲学の理論やモデルの妥当性であり、検証を通して、人間にとって重要な概念の正体を明らかにすることが目指されている。そこには、この世界に存在し機能するこれらの概念の揺るぎない本質がどこかにあるはずだという想定と、それを捕まえたいという動機があるように見える[1]。

　しかし、「実験」哲学の研究として実施される段階で、そこで語られる概念は、いったん人々の判断という心的な営みに変換されてしまう。

　これについて、「知識」を事例に説明しよう。第2章で詳しく述べられている通り、知識の必要十分条件に関して、ゲティア型事例と呼ばれるシナリオを提示し、人々に判断を求める研究が数多くなされている。そこで問われるのは、シナリオに提示された情報に基づき、登場人物がある事柄を知っていると言えるのかどうかであり、実験参加者の判断を手掛かりに、人々が知識に対して持つ「定義」を論じようとしている。一方、これを心理学的に翻訳すると、検討

---

1)　研究テーマや研究者によって差があるように見えるので、実験哲学が例外なくこの目的のもとに進められていると主張するものではないが、濃淡があるとはいえ、このような目的が領域のなかで典型的なものとして確固たる存在を示していることが重要な点である。

されているのは、どのような情報のもとで人は「知っていると言える」という判断に到達する（または到達しない）のかである。つまり、与えられた情報の性質と「知っていると言えるという判断」との関係が検討事項である。

　別の表現をすれば、知識の定義に関する哲学の議論（例：知識とは正当化された真なる信念である）が、心的過程に関する主張に翻訳されており（例：ある信念について、それが正当化でき、かつ真であると認知されれば、知識であると人は判断する）、実験は、その主張の妥当性を明らかにしているということだ。

　これは、実験哲学にとって意地悪な翻訳かもしれない。しかし、人々の判断は「揺るぎない本質」とは別のものである。実験が示すことは、あくまでも「判断という心的な営み」であり、それは与えられた情報の性質や、判断に至る際の諸条件により揺らぐ。だとするなら、揺らぎに影響する環境要因や個人差要因に目を向け、なぜそのような判断を人々が行ったのか、その心的過程を考察することなく、結果を議論の材料として用いてしまうことに、問題はないのだろうか。

　特に考えるべきはつぎの2点である。1点目は、「哲学者の直観」が含意する過程の成立が保証されるのかどうかだ。この場合であれば、「正当化できる」とか「真である」という認知を本当に媒介して、知っているかどうかの判断に到達しているのか、ということである。これは操作チェック的に確認可能ではあるが（正当と思うか、真と思うかを尋ね、その判断を媒介しているのかを統計的に確認することは可能である）、その場合でも、回答者が心的表象として持つ「正当化」や「真」は、「哲学者の直観」による定義が示す内容と同じなのだろうかという疑問がある。

　2点目は、データ収集の環境や個人差により、判断バイアスが生じる可能性である。後にも感情の影響という判断バイアスについて指摘するので、ここではそれと異なる可能性である「即断傾向」について言及しておこう。即断傾向とは、内容についてきちんと考えることなく、周辺的な手掛かりや既存の知識の適用により、判断する傾向を指す。この場合だと、シナリオの内容から正当化されるかどうか、真であるかどうかを読み取ることなく、別の要因により判断が左右されることである。たとえば、シナリオが記載している場面理解の困難さという主観的経験を手掛かりとして、否定的な回答（知っているとは言えな

い）をするかもしれない（Bless and Forgas 2000）。また個人差では、複雑なことを簡単化し、単純な解釈を適用する傾向が強い、いわゆる認知的複雑性が低い人は（Vannoy 1965）、「知っているとはどういうことか」を考えずに判断に至る可能性があるだろう。

　肯定的プログラムの主目的は、哲学上の議論を精緻化するという哲学側のニーズを満たすことであり、否定的プログラムの主目的は、旧来の方法論を否定することである。「なぜそのような判断を人々が行ったのか」というような心理学的な問いは実験哲学にとって関心外のことかもしれないし、上記の指摘は些末に思えるかもしれない。しかし、そうだとしても、認知科学としての実験哲学だけではなく、他の2つのプログラムにおいても、判断の背後にある心的過程について目を向けることが、建設的な議論構築に資する可能性があるということについて考えてみたい。なぜならこのことは、実験哲学が取り込んでいる、運用エラーという論点や文化比較という手法に対する批判的な考察とも密接に関わるからである。つぎの節では、肯定的プログラムで心的過程を検討する意義を「エラー問題」と、また否定的プログラムでの意義を「文化差問題」に関連づけて論じていくことにしよう[2]。

8.3　心的過程を問うことの意義

肯定的プログラムにおける意義とエラー問題

　肯定的プログラムは、一般の人の素朴な反応をエビデンスとして哲学的な議論に用いる。対立する考え方があるとき、一般の人たちの認識が、そのいずれに近いのかを検討し、近いほうが、論としてより「確からしい」と主張することも行われる。このような議論の例の典型を、本書では、自由意志の実験哲学（第4章）に見ることができる。

　実証データがあぶりだした人々の素朴な認識について、それが哲学のどの考え方に近いのか、自由意志の例で言うなら、自由意志と道徳的責任が決定論と

---

2)　このような方針は、それぞれの問題の所在をより典型的に示すプログラムのもとで論じていくという主旨によるものであり、各問題が対応するプログラムに固有であることを含意しているのではない。

両立可能か不可能かといったことを論ずることは、心理学者から見ても興味深いことである。両立論と非両立論がそれぞれ私たちの道徳のあり方にどのような含意を持つかを踏まえることで、人々の素朴な認識が、道徳というシステムをどう支えたり脅かしたりするのかなど、認識の在り方と社会システムの相互影響過程に関する考察を行うことも可能になる。

　しかし、このような議論の際、実証データの結果が必ずしも一致しないということが起こる。たとえば、シナリオの内容や質問項目の書き方を変化させると、人々の判断が変わるというようなことだ。このような事態が起こったときに、提示した情報、または判断を行った環境などが、情報の解釈のされ方や、喚起される感情や動機にいかに影響したかがわかれば、異なる結果を説明することができる。また、ある理論を反映させたつもりのシナリオが、実は実験者の意図通りに解釈されていなかったり、余計な動機を喚起して判断をゆがめたという可能性が示唆されれば、そのデータを理論支持の根拠として用いることが妥当ではないと判断できる。

　ショーン・ニコルズとノーブ（Nichols and Knobe 2007）は、両立論を支持する結果が感情によって影響されているとして、まさにこのロジックに則った議論を展開し、人々の道徳的判断が基礎においているのは非両立論であるという主張を行っている。感情を強く喚起するようなシナリオの場合に両立論的な反応が促進されていることを根拠に、両立論的な反応は、感情の影響によるエラーを含んだ心的過程によってもたらされたものであり、人々の本当の認識の表れではないというのだ。この例は、判断がなされた心的過程に踏み込んだ解釈を行うことが、肯定的プログラムの議論を展開する上で、重要な役割を持つことを示している。

　ただし、このような議論に際しては、何をエラーと見なすのかについて、十分な注意が必要だろう。ニコルズらの例に即すなら、感情が関与しないことが本来の反応の姿（エラーのない姿）であると本当に言えるのか、感情が「本来の判断を歪める」という考え方は妥当なのかという問題である。

　感情が私たちの判断に影響することは、数多くの社会的認知や認知心理学の研究が示していることだ。ムード一致効果やムードが情報処理方略に与える影響はよく知られている[3]。あるべき判断に対して、感情がエラーをもたらす存

在となりうること自体は、数多くの実証研究により支持されている。しかし、実験操作で無理矢理喚起された感情ではなく、置かれた環境条件や与えられた情報に対してしかるべくして喚起された感情により判断が影響される場合、これをエラーと考えることはどこまで妥当なのかという問題が残る。感情がその状況において適応的な反応を促すという考え方に基づくなら、喚起された感情が導く判断は、その状況に対する「エラー」ではなく、まっとうな反応である。感情とそれに影響される判断は分かちがたく結びついており、それらの総体が、その状況での「本来の判断」だと考えることもできるのだ。どのような反応が本来なのか、またはエラーなのかについては、慎重な議論が必要なのではないだろうか[4]。

　この問いは、人々の素朴な反応がどのようなものかを論じる際に、何を本来の認識であると決めるのか、また、その根拠をどこに置くのかということにもつながる。置かれている環境や与えられた情報などの条件によって、反応は変化する。心理学は、その変化のあり方を記述し、また環境や情報に対して一定の合理性を持つ心的過程の観点から変化を説明してきたのである。その合理性は、認知経済的なもの、その場での動機を満たすもの、進化的視点から適応的なものなど、さまざまな原理に支配される。したがって、どのような反応が「本来の判断」かという問いに心理学は回答を与えない。実験哲学が「本来の反応」を論じたいのであれば、心的過程に目を向けた上で、何が本来なのかを説明することを含む議論の精緻化を行うことが必要なのではないだろうか[5]。

---

3)　ムード一致効果は、判断が行われる文脈とは無関係なムードの操作下で、それに一致した方向に判断内容がゆがむ現象である。また情報処理方略については、ポジティブムードのもとではヒューリスティック的判断が促進される一方、ネガティブムードは精緻な処理を促進する。包括的な代表的モデルについては Forgas（1995）、また、日本語による概説については北村（2010）、工藤（2019）などを参照のこと。

4)　心理学では、理性と感情の対比のもとで、感情について理性を歪める存在と見なすような「感情観」はあまり見られない。むしろ、状況の特性に応じて、素早く立ち上がった感情がその場での適切な判断や行動を促進するという、感情の適応的な合理性に焦点を当てる議論がなされている。これについて進化的視点から概説した教科書としては北村・大坪（2012）を参照のこと。

5)　このようなことを考える必要はなく、なるべく余計な干渉がないシナリオや条件設定を用意し、そこでの反応を本来と定めればよいという意見もあるだろう。実験を組む際、本来議論したいこと以外の余計な要因が「干渉しないように」配慮することは、実験を用いるすべての科学の基本であり、それを忠実に守れば良いという考え方である。ただし、この方針を採択するとしても、実験のセットアップに関わる諸特徴がどのようなメカニズムで判断を導くのかへの関心が、結果

否定的プログラムにおける意義と文化比較問題

　否定的プログラムの基本的な手法は、ある哲学理論を反映したシナリオをベースに、質問に対する人々の反応の非一貫性を実証的に示すことで、「哲学者の直観」を基盤とする従来の方法を否定するというものだ。その際、多用されるのが文化比較である。

　文化と認識との関係は、社会心理学者、また他の社会科学や言語学などに携わる研究者にとっても、興味深い事柄である。社会心理学領域の研究では、主に西欧文化圏と東アジア文化圏の比較研究が進んでおり、自己概念、原因帰属、社会的動機など、さまざまなテーマに関する文化差が論じられている（山口2003）。実験哲学の否定的プログラムにおける研究は、概念の素朴な理解に関する文化多様性を実証的に明らかにしており、そこでの知見は文化心理学にとっても重要なものである。

　ただし、外部から見ると、このプログラムは文化比較研究からの知見をかなりアグレッシブに用いているように見える。基本的な手法は、概念定義に関わるシナリオへの反応において実証的に示された文化差から、特定の哲学者（または立場）の主張が普遍的ではないことを示し、それを根拠に、哲学者の「直観」に基づく議論の構築という方法論を否定するというものだ。ここでの議論の図式をやや極端な表現で記述するなら、哲学者の直観という伝統的方法論と人々の判断とを対比させ、それらが一致しないこと（または人々の判断に不一致が見られ、その中には哲学者の直観と合致しないものがあること）を根拠として、哲学の側に方法論的な問題を帰属しているということになる。

　しかし、この議論の図式は、いかなる意味で哲学の手法への強い批判となりうるのだろうか。これに関する評価は、もちろん当事者である哲学者のものだ。ただ、少なくとも非当事者からすれば、以下のような問題があるように思える。

　人々の素朴な判断に関する文化差データは、確かに、ある文化的カテゴリーに属する人々が行う判断が、哲学者の直観と合致しないことを示している。また、同じ文化に属する人たちの間でも回答が分かれるので、哲学者の直観は、いずれにせよ人々の判断ときれいに合致するわけではない。しかしこのことを

　の解釈を助ける。何も余分なものがない絶対的にニュートラルな条件を現実には作れない以上、心的過程の考慮はやはり必要になるのではないだろうか。

哲学の方法への批判の根拠とするにあたって、「哲学者の直観とは合致しない人々の素朴な判断」の質を問う必要はないのだろうか。

先ほども述べたように、一般の人々の判断にはさまざまなバイアスが含まれている。これは、シナリオの理解の仕方や、回答に関するインストラクションの記述から暗黙に想定することにまで及ぶ。たとえば第3章で紹介されている固有名に関するエドゥアール・マシェリーらの実験では、「「ゲーデル」という名前を使うとき、ジョンが語っているのは誰についてか」という質問が提示されている（Machery et al. 2004）。このとき、回答者は、ジョンがゲーデルという名前を使ってどのようなことを語ると想定するのだろうか。その想定に文化差（また個人差）はないのだろうか[6]。もし、仮にこのレベルで文化差があったとするなら、実験で観察された文化差は、固有名への理解とは異なる要因に由来することになる。

これもまた、些末な点に見えるかもしれない。しかし、ポイントはむしろ、このような「些末な」ことが人々の判断を決めるということであり、そのような些末な心的過程により決定された判断結果を、方法論批判に素直に用いることの妥当性である。当該の課題において人々が判断に到達する過程を分析することなく、判断の普遍性への疑義を方法論批判へと直接つなげることは、危険なことのように思える。

もっとも、否定的プログラムは、「人々の判断の不一致に基づいて、哲学者の直観という方法に疑義を向けることが必要だ」ということを主張する1つの運動だという理解もあるかもしれない。問題提起の根拠となるべきなのは判断の一致度（不一致度）自体であって、心的過程の比較はそもそも関係がないという立場は、確かにありうるだろう。ただ、そうであっても、やはり否定的プログラムが則る手法の限界について疑義が残る。

それは、この手法の持つ根本的な破壊性によるものだ。実験哲学で問われる質問は、そもそもどう考えたら「正しい答え」に到達できるのかがわからず、回答者にとっては、どう判断すべきか悩んでしまう性質のものが多い。このよ

---

6) ここでの指摘は「ゲーデルについて何を語るのか」の想定に応じて回答が変わるのではないかという疑義に基づく。ただし、この疑義の妥当性自体も実証的検討の対象となりうるものである（つまり、実証的に妥当ではない疑義であると主張可能である）。

うな一定の複雑さを持つ認知課題での判断は、文化のみならず、さまざまな要因によって影響される。仮に文化差が見られなかったとしても、否定的プログラムは、つぎのストラテジーとしてそれ以外の「差異」に関わる変数、たとえば、性差、教育程度、年齢、価値観、特定の対象に対する信念を扱うことができる。これらを順番に試していけば、いずれかが影響を持ち、人々の判断に不一致が見られることは、十分に予測可能である。そうすると、このプログラムは、当初の課題設定からして、失敗しないよう定められていたかのようにも見えるのである。

　否定的プログラムの貢献は、哲学者の直観を用いるという方法への批判だけにとどまらず、文化比較を通して、哲学が特定のカテゴリーの人たち（例：白人の男性）によって作り上げられてきたことにも自覚的になった点にもある。文化差の実証により、哲学者がこの問題に気付いたことは重要な点であり、概念定義の多様性に関する議論への道を開いたことは、評価されてしかるべきだろう。

　ただ、このことを認めた上でやはり思うことは、哲学者の直観と合致しない反応を人々が示したとき、それがいかなる意味の不一致なのかを問うことの必要性である。方法論批判は重要なことだが、哲学者の直観と呼ばれるものの性質への理解を深め、ひいては哲学がわざわざ実験する意義を明確にするためには、方法論批判という場から、さらに進むための議論が要求されるだろう[7]。

8.4　質問紙によるデータ収集に伴う諸問題

　ここまでは、実験哲学が判断に至る心的過程への関心を持つことにより、実証に依拠した哲学的な考察がより深化する可能性を論じてきた。ただし、考察

---

7)　文化心理学も、アメリカ中心の研究、特に白人の大学生を実験参加者とした研究知見の蓄積に対する反省を 1 つの原動力として展開してきた歴史を持つ。否定的プログラムも、方法論への反省を基盤としつつ、多様な認識を記述・説明しながら、私たちの概念理解について、文化を含めた環境との相互作用という観点から議論する領域へと発展する可能性を持っているように思う。実際、否定的プログラムの構築に関わった研究者たちが携わっているより最近の議論やプロジェクトを見ると、そのような方向性を感じることができる。たとえば、マシェリーやスティッチらが現在展開している「知識」に関わる認識を対象とした、大規模な文化比較プロジェクト（https://www.geographyofphilosophy.com/）などをあげることができる。

が深化するためには、実証が「よい実証」でなくてはならない。現状では、実験哲学は質問紙実験という手法を頻繁に用いており、それは当面続くと思われる[8]。したがって、質問紙によるデータ収集という手法に関する問題についても考察しておくことが必要になるだろう。

　質問紙法によるデータ収集がもたらす問題は、心理学も共有している。人の判断、認識を質問紙により問う手法は、特に社会心理学が頻繁に使用しているものだが、そこにまつわる諸問題、たとえば、参加者に対するリアリティが欠如しているがゆえの知見の妥当性、行動意図と実際の行動との乖離の可能性、一般化可能性などは、しばしば指摘されることである。ただ、研究テーマによっては、倫理的問題や行動データの収集が困難という事由により、質問紙法以外の手法での研究が難しい場合もある。判断、感情、動機、態度、行動意図を把握するにあたって、「どう思うかを尋ねる」のは、素朴かつ直截な方法であるが、この手法を捨てることはできない。諸問題を認識した上で、データの解釈などを慎重に進めることで対処するしかない。

　実験哲学においても、質問紙法が有力な実験方法である状況を、大きく変えることは難しいだろう。そうであるなら、研究者が手法にかかわる諸問題を把握し、その改善や注意深い考察へと、意識的に向かうことが重要だ。このことを踏まえ、質問紙法に関する問題の中から、とりわけ実験哲学という領域に関わるものについて、つぎに指摘していこう。いずれも細かい事柄だが、実験にあたって質問紙を作成する場合に悩ましい問題となる点である。

文化比較における翻訳の問題

　1つ目は、文化比較を行う研究において、翻訳の等価性を維持することの困難さである。これは文化比較を行う研究に共通して存在する問題だが、とりわけ、「概念」という言葉に拘束されることがらを検討の対象とする実験哲学においては、悩ましい問題なのではないだろうか。

　この問題は、まず単語の翻訳というレベルで発生する。たとえば「true」を「真」と訳すべきか、「正しい」と訳すべきか、または「本当」と訳したほうが

---

8)　もっとも、fMRIなど脳神経科学が用いる測定手法や、反応時間などを測定する認知実験についても、哲学者との共同を基盤に、実験哲学的研究が発展していく可能性もあるだろう。

良いのかというようなことだ。訳し方自体が結果に影響し、同定された文化差
が、シナリオや質問項目が表現している哲学理論（または哲学者の直観）に対す
る判断の差ではなく、訳語がその言語文化内で意味する内容や、そこから生じ
るニュアンスの差に由来する可能性が出てくるかもしれない[9]。またそもそも、
これらの訳語が「概念的にどう異なるのか」といった、新たな問題を生む可能
性があるように思う（それ自体は、研究のテーマ創出なので、むしろ望ましいことな
のかもしれないが）。

　シナリオ全体の翻訳に関しては、上記の訳語選定が文章全体に関わってくる
ことに加え、翻訳の等価性とシナリオの理解しやすさのトレードオフが発生す
る可能性がある。文化差研究で、翻訳された各シナリオの等価性を保証する手
法として通常用いられるのは、バック・トランスレーションである。たとえば、
英語のオリジナル・シナリオを、日本語に翻訳した際、それが元の英語シナリ
オと等価であることを確認するために、翻訳した日本語を改めて英語に翻訳す
る。これとオリジナル・シナリオの英語を比較し、ほぼ同じであれば大丈夫だ
が、不一致が多いと、実験遂行における瑕疵と受け止められる。したがって、
バック・トランスレーションの段階での一致度が上がるように、原文に忠実な、
直訳的な翻訳を行うという方法論的な圧力がかかる。

　しかし、次項で述べるように、実験哲学に用いられるシナリオの設定には記
述されている状況が込み入っているものが多く、直訳を提示されると、参加者
にとっては非常に理解しにくいシナリオになってしまう。文章の提示順を変え
たり、補足的な説明を入れるほうが、参加者にとってはシナリオ場面がわかり
やすくなるのだが、そうすると、オリジナル・シナリオと乖離してしまうとい
う問題が起こるのである。

シナリオの理解しにくさ

　2つ目の問題は、実験に用いられるシナリオの理解しにくさ、またそれに対
応する質問の難しさゆえに、参加者の判断が何を反映しているのか不透明にな
る可能性である。シナリオで提示されている場面が複雑であったり、質問内容

---

9)　本書では、たとえば第3章のp.61で和泉が同様の問題を指摘しているが、外部からの問題の見
　えにくさという点では、和泉が指摘した冠詞に関わる問題のほうが深刻かもしれない。

が非日常的であったり、そもそも何を問われているのかよくわからなかったりなど、課題として難しい事例が、実験哲学研究の中には見受けられる。

　その一例として、再度、第2章で取り上げられたゲティア型事例をみてみよう。ゲティア型事例は、哲学者にとっては学生のときからなじんだ話であり、さほど複雑には感じないかもしれないが、哲学者以外の人々にとっては、何を問われているのか自体がわかりにくい。実際に筆者がデータ収集に関わった際、参加者から「これ、いったい何を聞いてるんですか？」というような反応を得たことが何度かある。その理由の1つは、この事例が示している場面が、「知っている」という主人公の心的状態に関する推論を、通常は喚起しないからだろう。つまり、シナリオに描かれている場面で、普通人々が問うのは、主人公が「思い込んでいたか」「信じこんでいたか」であり、「知っていたのか」ではない。したがって、この問いに直面した参加者にとって、質問自体が場面の特性とは不適合で、何が問題として問われているのかがわかりにくくなるのである。

　もちろん、そもそも考えたこともない問いであっても、「直観で答えるように」と指示されれば、回答を示すこと自体は可能ではある。ただ、少なくとも心理学者の目から見ると、回答に至る心的過程がどのようなものなのか、よくわからない状況ではある。あてずっぽう的に答えているのか、「知っているということがどういう心的状態か」、「どういうときに知っていると言えるのか」を入念に考えているのか、参加者により異なるだろう。そのような状況で、「一般の人々の判断が哲学者の直観と一致した、しなかった」という議論を行うことについて、慎重さが要求されることは、先にも述べた通りである。

質問項目による認識の取り出し方

　上記の問題は、質問項目を作成する際に、どのように人々の素朴な認識過程をそこに書き込むのか、つまり質問項目によって認識をどう取り出すのかということにも関わる。再びゲティア型事例の例に即して見てみよう。

　p.33で紹介されている2つの質問（問2と問4）を比べると、多くの人が問4なら回答しやすい（質問が何を聞いているのかがわかりやすい）と感じるだろう。これは、「一郎は妻が病院にいると自分は知っていると思っていた」という部

分が、日常的にこのような場面で適用する心的状態の推論のあり方（思い込んでいたなど）とマッチしているからではないだろうか[10]。そしてその結果として、この項目が選択されやすくなるのではないか。

　なお、ここで留意すべきは、質問の仕方を変えることにより結果が変わったということである。より良い質問項目に向けて改善していくことは実証研究には必須の営みなので、質問の理解しやすさという観点からのみ評価するなら、これは望ましい試みである。ただし、単なる「知らなかった」ではなく、「知っていると思っていたが実は知らなかった」という参加者の判断が、ゲティア型事例を議論するにあたって適切なものなのかどうか（これは筆者には判断がつかない）、さらには、文言の理解しやすさゆえにその選択肢を選んだ可能性があるというように質問の仕方が研究の結論を変えうるということを踏まえて、慎重に検討を行うことが求められる。

8.5　おわりに──人に尋ねた結果から概念について語ることをめぐって

実験哲学が目指すべき概念理解の 2 つの姿

　主に質問紙を用いて「人に尋ねる」という研究手法はさまざまな問題を持つ。とはいえ、実験哲学は、この手法をもとに概念について議論する営みへと踏みだしたのだ。本章では、そこで考えるべきことをプログラムの内容に応じて議論するとともに、質問紙を構成する際の具体的問題という形で指摘してきた。だが、より本質的に問うべきは、そもそも、なぜ人々に概念の理解を尋ねるのか、そこから何を明らかにしようとするのかという、根本的な問題である。実験哲学という領域の独自の貢献や必然性、また今後の可能性を考察する上でも、この点は重要になる。

　最初に確認しておくべきことは、人々に尋ねるという手法と、明らかにしたいこととの関係だ。概念について人々に尋ねるという手法は、筆者が携わる社

---

10)　マシェリーたちが言うところの、「素朴認識論」の中核部分をうまく記述する質問になっており、それを把握することに成功したという解釈ももちろん可能である。しかしこのケースでは、「知っていること」に関する素朴認識論とは関係なく、質問項目内のある部分が、人々が日常、他者に向ける推論の典型と合致していたがゆえに、その点が反応を促進する手がかりとして機能してしまったという可能性が残ると考えられる。

会心理学も用いているが、その背後には、人々が特定の概念に対して持っている素朴な理解を明らかにしたいという研究上の動機がある。社会的表象の形成や社会的行動に関わる重要な概念——たとえば、自己、責任、自尊心、公正など——を対象に、一般の人たちにさまざまな質問をすることで、概念理解の構造を明らかにするとともに、その結果に基づいて、概念理解の個人差を把握する尺度の開発も行われてきた[11]。

　他の多くの実証科学では、「人々」ではなく研究者が概念の内容を定めるのが普通だろう。一方、社会心理学では、概念の定義をあらかじめ研究者が論じたとしても、実験や調査にその概念を用いるためには、それが個々人の心にどう表象されているのかを把握する必要がある。人々の概念理解を無視しては、その概念を変数として取り入れた実証的な知見構築ができないからだ。したがって、人に尋ねるという方法は、人々の概念に対する素朴な理解を明らかにする必要と直接つながっているのである。

　一方、実験哲学において、この関係はそれほど単純ではない。実験哲学も、人々の概念理解を把握することを目指しているし、そのための方法論的な洗練の必要についても意識的に取り組んでいる。もっとも、そこは「実験」哲学としての通過点である。実験「哲学」として構築する議論やモデルは、人々の概念理解の記述を超えた、その先の地点を目指すことになるのではないか。

　では、その地点はどこにあるのだろうか。本書のこれまでの議論に即すると、つぎの２つがあるように思える。

　目指す地点の１つは、概念の揺るぎない本質を見定めることだろう。概念に対する定義、概念の内容を定める理論やモデルを戦わせながら、概念の本質へと迫り、どこかに存在する「真なる概念の姿」を捕まえることである。その際、人々の概念理解の記述を、真なる姿を決める手掛かりとして機能させることが、実験を通してこの目的を果たすための要件となる。

　もう１つは、人々の概念理解を前提とし、その理解の下で概念がよりよく機

11）　多くは「態度尺度」の形をとるので、ある概念に対する認知的な理解のみならず、それに関する自分の信念や感情も含む、心的な反応も入り込んでいる。したがって、哲学者が想定する概念理解とは必ずしも合致しない。とはいえ、尺度作成の前提には、通常、概念理解の構造（たとえば、どのような多次元構造を持つかなど）を明らかにする作業が伴うので、尺度作成の営み自体が、概念を分析するという側面を持つ。

能することを目指し、概念のあるべき姿を構築することだ[12]。この場合、人々
の理解と合致する概念構築が必ずしも望ましいわけではなく、場合によっては、
それを打ち破るような概念モデルの提供が求められるかもしれない。また、概
念の素朴な理解が文化やそれ以外のさまざまな要因に影響されることを踏まえ
れば、構築される概念の姿は1つには定まらず、人々の理解に対して相対的な
ものになるかもしれない。

実験哲学に期待すること

　これからの実験哲学が、このいずれも担うのか、いずれかに偏るのか、それ
はこれから実験哲学を推進する人たちが決めていくことだ。また、この2つ以
外の、筆者には見えていない他の何かが、より豊かな成果を約束する地点とし
てすでに用意されている可能性もあるだろう。ただ、「他人の庭をたまたま訪
れた」隣人として言わせてもらうなら、これら2つの地点は、哲学に取り組み
を期待する等しく重要な事柄であり、実験哲学に固有の課題をもたらすだろう。
　前者については、肯定的プログラムについて論じた際に述べた通り、人に尋
ねた結果を信頼できる議論の根拠とすることを妨げるさまざまな困難を克服す
る必要がある。心的過程を参照しつつ考察を深めることが困難の克服に資する
可能性を指摘したが、心的過程の解明が哲学者のコアなミッションではないこ
とを踏まえると、まだしばらく、方向の模索が続くのかもしれない。心理学と
いう外部の知を利用し、議論を深めるのか、心理学をも内部に取り込むような、
認知科学としての実験哲学的な研究への志向性が高まるのか、または判断に至
る心的過程以外の論拠が、哲学内部に用意されているのか。いずれにせよ、概
念の真なる姿を求めるために、なぜ人に尋ねた結果が必要とされるのか、この
説明責任は残るのではないか。とはいえ、人々の素朴な判断をどこまで、どの
ように用いながら、概念の真なる姿に迫ることができるのか、その方法論や原
理に関する議論自体が、概念と認識との関係、さらには記述と規範の関係をど
う統合的に扱うかという課題に対する実践例となるため、期待することは大き
い。

---

12) このような試みとして戸田山ら（2019）は概念工学という学際的な研究領域の構築を提案して
　　いる。

174

　後者の地点をめざす営みは、概念について人に尋ねることの必然性が、前者よりはわかりやすい。概念が、（たとえば道徳のような）社会実践の中で果たす機能に焦点を当てようとするなら、それに関わる人々の理解を無視することはできない。世の中のさまざまが「どうあるべきか」を示す役割を私たちは哲学に求めるが、概念についても、それが果たしうる機能の観点から「どうあるべきか」を語ることを期待する。その際、人々の理解と調和するように「あるべき姿」を提案することで、実験哲学は概念と人々の幸福の関係を論ずる学問になるかもしれない。また、ある概念定義の下で実現する世界と、別の概念定義の下で実現する世界を比べ、それぞれの立ち位置を相対化しつつ、どちらがより望ましい人間や社会のあり方につながるのかを論じることもできるかもしれない。

　もちろんこれらは、隣人の勝手な期待である。しかし、実験哲学の登場により、哲学が議論できること、また担うことができる役割は、確実に広がったのだから、その将来がどこに向かうのか、さらなる展開と発展への期待を寄せるのは、自然なことだろう。また、その行く末がどこであるにせよ、心理学をはじめとする他領域も巻き込み、学際的に概念について考えるプラットフォームとしての位置を確立することが、実験哲学という比較的若い学問のつぎなる成長をもたらし、豊かな成果につながることを願う。

参照文献

Alicke, M. D. (2000) Culpable Controls and The Psychology of Blame. *Psychological Bulletin*, 126: 556-574.

Bless, H., and Forgas, J. P. (2000) *The Message Within: The Role of Subjective Experience in Social Cognition and Behavior*. Philadelphia, PA: Psychology Press.

Forgas, J. P. (1995) Mood and Judgment: The Affect Infusion Model (AIM). *Psychological Bulletin*, 117: 39-66.

Knobe, J., Buckwalter, W., Nichols, S., Robbins, P., Sarkissian, H., and Sommers, T. (2011) Experimental Philosophy. *Annual Review of Psychology*, 63: 81-99.

Kohlberg, L. (1981) *The Philosophy of Moral Development: Moral Stages and the Idea of Justice, Volume 1*. San Francisco, CA: Harper & Row.

Machery, E., Mallon, R., Nichols, S., and Stich, S. P. (2004) Semantics, Cross-Cultural Style. *Cognition*, 92: B1-B12.

Nichols, S., and Knobe, J.（2007）Moral Responsibility and Determinism: The Cognitive Science of Folk Intuitions. *Noûs*, 41: 663-685.

Shaver, K. G.（1985）*The Attribution of Blame: Causality, Responsibility, and Blameworthiness*. New York: Springer-Verlag.

Vannoy, J. S.（1965）Generality of Cognitive Complexity-Simplicity as a Personality Construct. *Journal of Personality and Social Psychology*, 2: 385-396.

Weiner, B.（1986）*An Attributional Theory of Motivation and Emotion*. New York: Springer-Verlag.

北村英哉（2010）「認知と感情のダイナミズム」，村田光二編『現代の認知心理学 6 社会と感情』北大路書房，pp. 175-194

北村英哉・大坪庸介（2012）『進化と感情から解き明かす社会心理学』有斐閣

工藤恵理子（2019）「感じたことの影響過程」，池田健一・唐沢穣・工藤恵理子・村本由紀子『補訂版 社会心理学』有斐閣，pp. 43-66

戸田山和久・唐沢かおり編（2019）『〈概念工学〉宣言！──哲学×心理学による知のエンジニアリング』名古屋大学出版会

沼崎誠（2014）「進化的アプローチ」，唐沢かおり編『新社会心理学──心と社会をつなぐ知の統合』北大路書房，pp. 149-168

山口勧（2003）『社会心理学──アジアからのアプローチ』東京大学出版会

第9章 | 成果と展望

鈴木貴之

　本書の第2章から第7章では、哲学の主要分野における実験哲学研究を概観してきた。この最終章では、これらを踏まえて、実験哲学研究の成果と将来の展望について考察しよう。

9.1　実験哲学研究の成果

　一連の実験哲学研究の成果はなんだろうか。一言で言えば、その最大の成果は、当初考えられていたよりも事態は複雑であることが明らかになった、ということだろう。

論争に決着をつけることの難しさ

　具体的に見ていこう。まず、肯定的プログラムに属する研究について考えてみよう。肯定的プログラムの目的は、個別事例に関する直観を体系的に調査することによって、ある哲学的問題をめぐる論争に決着をつけることだった。しかし、このような方法によって論争に決着をつけることは、実はそれほど簡単ではなかったのである。

　第4章で取り上げた自由意志の問題を例に考えよう。自由意志の問題において鍵となるのは、われわれの自由意志概念はどのようなものであるか、そこには因果的決定論と両立不可能な要素が含まれるかどうかだった。エディ・ナーミアスら（Nahmias et al. 2005）は、われわれの自由意志概念は両立論的であるという結果を得た。しかし、ショーン・ニコルズとジョシュア・ノーブ（Nichols and Knobe 2007）は、両立論を支持する直観は感情の影響による運用エラーの結果であり、われわれの本来の自由意志概念は両立論的であると反論した。その後の研究にも、両立論を支持する結果と非両立論を支持する結果は混在しており、論争は決着を見ていない。

この事例からまずわかることは、実験哲学研究においては、競合する哲学理論のそれぞれを支持する直観が見出されることは珍しいことではない、ということである。この事例からは、また、このような場合にどちらがより信頼できる直観であるかを判定することは容易ではないということもわかる。ある事例に関する直観が感情の影響を受けたものだとしても、そのこと自体は、その直観が誤りであるということをただちに意味するわけではない。巨大なクマを目にするとわれわれは恐怖を感じ、その結果、それは危険だと判断するが、このような場合には、この判断自体は適切なものである。感情に影響された直観が信頼できないものであることを示すためには、さらなる証拠が必要なのである[1]。

明確で異論の余地のない成果を得ることの難しさ

つぎに、否定的プログラムに属する研究について見てみよう。否定的プログラムの目的は、われわれの直観の多様性や不安定性を明らかにすることを通じて、現実または架空の個別事例の検討を通して事柄の本質を明らかにするという、事例の方法に基づく哲学実践そのものを批判することだった。

第3章で取り上げた固有名の指示に関する実験哲学研究は、その一例である。現代の言語哲学において広く受け入れられている因果歴史説は、固有名の指示に関する思考実験を主な論拠の1つとしていた。しかし、エドゥアール・マシェリーら（Machery et al. 2004）は、この直観が東アジア人には共有されていないことを示したのである。もっとも、この研究結果も決定的なものではなかった。のちの文化比較研究においては、同様の文化差が見出されないことも多かったからである。さらに、マシェリーらの研究は、何をたずねているのかとい

---

1) たとえば、第6章の規範倫理学に関する実験哲学研究において、ジョシュア・グリーン（Greene et al. 2001）は、義務論的な直観は感情の影響を強く受けたものであり、かつそれが信頼できないものであると主張している。しかし、グリーンが義務論的な直観を信頼できないと考える主な論拠は、それが感情の影響を受けること自体ではなく、（直接的な力の行使を含むかどうかというような）道徳に無関係な要因の影響を受けることだと考えられる。

う点においても曖昧さがあり、その結果は解釈の余地を残すものだった。

　否定的プログラムに属する研究がこのような経過をたどることは珍しくない。実験哲学研究においては、直観の多様性や不安定性を示すデータと、それを否定するデータの両者が得られることは珍しくなく、また、多様性や不安定性を強く示唆するデータが繰り返し得られたとしても、それを額面通りに解釈することを否定する議論が提出されることも珍しくないからである。このように、否定的プログラムに属する研究も、現時点では、明確で異論の余地のない成果を得ることはできていないのである。

　認知科学としての実験哲学に属する研究についても同様である。第 6 章の規範倫理学研究を例に考えよう。ジョシュア・グリーン（Greene et al. 2001）は、脳画像研究と反応時間の測定によって、道徳的ジレンマについて考える際には、その内容に応じて、理性と感情が異なる仕方で関与することを明らかにした。このような研究に基づいて提案されたグリーンのモデルは、理性と感情が並存する二元論的なモデルである。

　これに対して、たとえばジョナサン・ハイト（Haidt 2001）は、われわれの直観的な道徳判断は感情主導で生じるものであり、理性はそれを後付け的に正当化するだけであるという、異なるモデルを提案している。ハイトはこのモデルの妥当性を示すために、催眠によって実験参加者に不快感を引き起こし、それによって参加者の道徳的判断を変化させるという実験も行っている（Wheatley and Haidt 2005）。道徳的判断の心的メカニズムに関しては、ほかにもさまざまなモデルが提案されており、どのモデルが正しいかを明らかにするには、まだかなりの時間がかかりそうである。

事態の複雑さが意味すること

　このように、いずれのプログラムにおいても、われわれの直観のあり方は複雑であり、経験的な研究から明確な結論を導き出すことはそれほど容易なことではないということが、研究の進展に応じて明らかになってきた。これが意味することは、実験哲学者が当初の目的を達成するためになすべきことは、まだ多く残されているということである。実験哲学がその目的を達成するためには、それぞれの主題に関してより包括的・体系的な研究を行う必要があり、そのた

めには、社会心理学や文化心理学のように、1つの研究領域としての地位を確立する必要がある。近年の実験哲学研究の活発化を見るに、事態は実際にそのような方向に進展しつつあるといってよいだろう[2]。

　事態の複雑さが意味することは、もう1つある。それは、哲学の方法論に関する問題、すなわちメタ哲学的な問題について考えることの重要性である。第1章でも述べたように、従来の分析哲学においては、事例の方法が標準的な方法として用いられてきた。しかし、個別事例に関する直観は多様であり、ときに不安定なものであることが明らかになった。それゆえ、この方法は哲学研究の方法として適切なものであるのか、そうでないとしたらどのような方法が利用できるのかといったことについて、あらためて考えてみる必要があるように思われるのである。この点に関しても、近年の分析哲学研究は、実際にそのような方向に展開している。哲学方法論に関する論争については、後の9.3節で詳しく検討することにしよう。

9.2　実験哲学に対する批判

　実験哲学研究に対しては、さまざまな批判も提出されている。本節では、代表的な批判を検討しよう。ただし、個々の研究の実験デザインなどにまつわる問題については、第2章から第7章までの各論と第8章における社会心理学の観点からの考察の中ですでに検討したので、ここではより一般的で原理的な批判を検討することにしたい[3]。

---

2)　他方で、実験哲学が研究領域としての地位を確立しつつあることの負の側面として、研究プログラムの全体像が見えにくくなってきているという問題が指摘できるかもしれない。たとえば、自由意志に話を限っても、さまざまな人々を対象とした、さまざまな内容の、さまざまな手法を用いた研究が可能である。そして、それらの研究は常に同じ立場、たとえば両立論を支持する結果をもたらすわけではない。それゆえ、膨大な実験哲学研究から、自由意志に関する哲学的問題に関して何らかの明確な帰結を引き出すことは困難となっている。もっとも、ある問題について影響力の大きい思考実験が提案されると、そのバリエーションとしてさまざまな思考実験が考案され、それらから相反する直観が引き出されることによって議論が錯綜していくという図式は、従来の分析哲学研究においてもしばしば見られたものである。実験哲学研究は、個別事例に関する思考実験を主な材料とするがゆえに、従来の分析哲学研究と同じ図式を繰り返しているのかもしれない。

3)　初期の実験哲学研究の中には、統計分析の手法に疑問があるものもある。たとえば、第4章で

　まず確認しておくべきことは、実験哲学に対する批判の多くは、哲学としての実験哲学、すなわち、肯定的プログラムまたは否定的プログラムに属する研究に対するものだということである。これらのプログラムにおいては、個別事例に関する直観の体系的な調査から、何らかの哲学的な主張を導き出すことが試みられる。ここで、個別事例に関する直観は、哲学的な主張にとっての証拠としての身分を持つ。これに対して、実験哲学を批判する人々は、何らかの理由から、個別事例に関する直観は哲学における理論構築のための証拠としてふさわしいものではない、と主張するのである。

哲学における事例の方法の役割を否定するという批判

　実験哲学に対する第一の批判は、哲学において事例の方法が重要な役割を果たしているということ自体を否定するものである。

　たとえば、ヘルマン・カペラン（Cappelen 2012）は、哲学者が直観という言葉を用いるときには、ある判断は反省や吟味を経たものではないという留保を示すために用いていることがほとんどであり、それが特別な能力に基づく判断であることや特別な種類の判断であることは意味されていないと主張する。それゆえ、哲学の論証において直観的判断なるものが重要な役割を果たしているという想定は誤りだというのである。

　たしかに、直観を知覚と異なる独特の知的能力や独特の主観的な感じを伴う心的状態と理解するならば、哲学の論証においてそのようなものが用いられているということは自明ではない。そもそもそのようなものが存在すること自体も疑わしい。しかし、第 1 章で見たように、直観という言葉を意識的な推論を介さない判断というより広い意味で用いるならば、哲学の論証において個別事例に関する直観がしばしば証拠として用いられていることは、否定しがたいように思われる。たとえば第 2 章の議論について考えてみよう。ゲティアは、ある人がある状況において P という正当化された真なる信念を持つが、その人は P であることを知っていないというわれわれの直観に依拠して、知識とは

　紹介されているニコルズとノーブの研究（Nichols and Knobe 2007）では、4 条件間での回答比率に違いがあるかどうかを、2 条件ごとに比較している。しかし、このような実験デザインにおいては、すべての条件間で回答比率に差があるかどうかをまず検定すべきだと考えられる。

正当化された真なる信念であるという標準的な分析を批判している。ここで、個別事例に関する直観は、ある哲学理論に対する反例の役割を果たしており、まさに証拠として用いられているように思われる[4]。

これに対して、第3章でも見たように、マックス・ドイッチュ（Deutsch 2015, Ch. 5）は、このような事例において証拠として用いられているのは、個別事例に関する直観ではなく、何らかの論証であると主張する。たとえば、問題の人物がPであることを知らないという判断は、偶然に得た真なる信念は知識ではないという一般原則から導き出されたものであると言うのである。しかし、たとえこの点を認めたとしても、なぜわれわれがこの一般原則を受け入れるべきなのかを説明しようとすれば、この原則は正しいという別種の直観を持ち出すことになるか、あるいは、この原則がさまざまな個別事例と整合的であることを根拠として持ち出し、結局個別事例に関する直観に依拠することになるように思われる。

このように、哲学において事例の方法そのものが重要な役割を果たしていることは、否定しがたいと考えられる[5]。

実験哲学研究から哲学的帰結を導き出すことへの批判

実験哲学研究に対する第二の批判は、実験哲学研究の結果にはさまざまな解釈の余地が残されており、そこからただちに哲学的に重要な結論を導き出すことはできないというものである。

---

4) また、J・R・クンツとJ・R・C・クンツ（Kuntz and Kuntz 2011）の行っている哲学者を対象とした実験哲学研究によれば、哲学者の多くは直観を証拠として用いていると考えているという。カペランが正しいとすれば、多くの哲学者は自らの方法論を誤認しているということになる。

5) ただし、哲学における証拠は個別事例に関する直観だけではないという点には注意が必要である。たとえばマイケル・デヴィット（Devitt 2011）は、固有名の指示に関するマシェリーらの実験哲学研究を批判するなかで、記述説に対するソール・クリプキの批判は、記述説が正しいとすれば（ゲーデルが数学者であることは必然的であるというような）望ましくない必然性が帰結してしまう、あるいは、われわれが無知や誤りにも関わらずある対象を指示できるという事実が説明できなくなる、といった一般的な論証に基づいていると指摘する。このような論証が存在する場合には、事例の方法は決定的な役割を果たしているわけではないだろう。他方で、たとえば規範倫理学において功利主義の是非を論じるような場面では、個別事例に関する直観以外の証拠は、それほど多くは存在しないように思われる。以下でも論じるように、哲学の問題領域ごとにどのような証拠が利用可能かは異なり、それゆえ、方法論は異なるのかもしれない。

　たとえばアーネスト・ソウザ（Sosa 2007）は、つぎのように主張する。直観が哲学において重要な役割を果たすためには、直観は問題となる哲学的概念の内容理解のみに由来するものでなければならない。そして、実験哲学研究において直観の不一致が見られるとしても、それは多義性や文脈の違いに由来するものであり、概念の内容理解の違いを反映したものではない。たとえば、第4章で取り上げた自由意志に関する実験哲学研究においては、両立論的を支持する結果と非両立論を支持する結果の両者が得られた。しかし、道徳的責任には帰属可能性（attributability）と帰責可能性（accountability）という2つの意味があり、相反する研究結果は、異なる条件下で道徳的責任という語が異なる意味で理解された結果かもしれない。ソウザはこのように主張する。

　同様に、アンティ・カウピネン（Kauppinen 2007）は、これまでの実験哲学研究においては、運用エラーや語用論的な要因の影響が十分に考慮されていないと指摘する。たとえば、自由意志に関するニコルズとノーブによる実験哲学研究では、あるシナリオ（妻子の殺害やレイプ）において得られた回答は、道徳的に悪い行為の記述によって引き起こされた感情によって生じた運用エラーであるとされていた。しかし、これが本当に運用エラーであることを確かめるには、回答者の自由意志概念が非両立論的なものであることを明らかにする必要がある。そしてそのためには、問題となっている概念に関して、哲学者は実験参加者とソクラテス的な対話を行う必要があるというのである。

　語用論的な考慮の影響についても同様である。たとえば固有名の指示に関する実験哲学研究において、マシェリーらは、「ゲーデル」という名前がゲーデルとシュミットのどちらを指示するかをたずねていた。しかしドイッチュ（Deutsch 2009）は、実験参加者が、シナリオ中の人物が「ゲーデル」という名前を用いてどちらの人物について話をしようとしていたのかをたずねられていると考えたかもしれないと指摘する。実験参加者の回答に基づいて指示の因果説を批判するためには、このような解釈の可能性を排除しなければならないのである[6]。

---

6)　同様に、サイモン・カレン（Cullen 2010）は、ゲティア事例に関する実験哲学研究において、一方の選択肢として「本当に知っている」という表現が用いられることによって、参加者は、この選択肢においてはたんに知っているということ以上の事態が想定されていると考え、もう一方

184

このように、実験哲学研究から何らかの哲学的帰結を導き出すためには、多義性、運用エラーの影響、語用論的な考慮の影響などを排除する必要がある。しかし、ソウザらによれば、これまでの実験哲学研究ではそのような考慮は十分に行われておらず、それゆえ、それらの研究の結論を額面通りに受けとることはできないのである。

第一の批判とは異なり、この批判は、それ自体としては妥当なものだと思われる。個別事例に関する直観から、ある哲学的問題、たとえば自由意志の問題について何らかの帰結を導き出そうとするならば、そこで用いられる直観は、自由意志に関するわれわれの理解を正しく反映したものでなければならないだろう。

しかし、このような批判によって、実験哲学研究の意義がただちに否定されるわけではない。ある直観が運用エラーの産物であるかどうか、あるいは、ある直観に語用論的な考慮が影響を及ぼしているかどうかは、経験的に確かめることのできる問題だからである。ある実験デザインを用いた研究においてこれらの問題が生じていたとしても、それを排除できるようなよりよい実験デザインを考えることができるはずである[7]。これらの問題を同定し、解消するためには、実験哲学が用いているような経験的で体系的な手法がまさに必要なのである[8]。

さらに、事例の方法が哲学において重要な役割を果たすことを認めつつ、一連の問題ゆえに個別事例に関する直観は信頼できないと考えれば、われわれは困った状況に置かれることになる。哲学的論争の解決に必要なデータをどのようにすれば手に入れることができるかが、わからなくなってしまうからである。

ここで、実験哲学の意義を否定する人々は、哲学の訓練を受けていない一般人の直観はこれらの要因の影響を受けるが、哲学の専門家である哲学者の直観

の選択肢を選んだ可能性があると指摘する。
7) たとえば第3章の議論を参照。
8) 以上の応答においては、意味論的な要因と語用論的な要因、あるいは能力と運用はある程度明確に区別できるということが前提とされている。しかし、これらを明確に区別することはそれほど容易ではないかもしれない。特に、直観に基づく評価の対象となっている当の哲学理論を前提とすることなしには、何が語用論的な考慮であり、何が運用エラーであるかは特定できないかもしれない。そうだとすれば、ここには深刻な方法論上の問題が存在する可能性がある。

は影響を受けないのだ、と主張するかもしれない。必要なデータは、哲学者の直観から得られるというのである。しかし、以下でも見るように、一般人と哲学者の間で運用エラーなどに違いがあるかどうかもまた、経験的に確かめられるべき問題なのである[9]。

間違った対象を調査しているという批判

実験哲学に対する第三の批判は、実験哲学者は間違った対象を調査している、というものである。多くの実験哲学研究は、一般人、特に大学学部生を対象としたものである。多くの場合、実験参加者は、哲学の体系的な教育や訓練の経験はなく、調査の主題である哲学の問題に関する知識を持たないことも多い。実験哲学を批判する人々は、この違いを重視して、哲学の問題を考える上で重要なのは、一般人の直観ではなく、哲学の専門家である哲学者の直観だと主張するのである。

たとえば、マイケル・デヴィット（Devitt 2011）は、つぎのような類比に訴えて、専門家の直観の重要性を強調する[10]。一般人は、恐竜の化石が出土する場所に行ったとしても、たんなる岩と恐竜の化石を区別することができない。これに対して、経験豊富な古生物学者は、両者を一目で区別するだけでなく、それがどの恐竜のどの部位の化石かということまで見てとることができる。古生物学者にこのようなことが可能であるのは、さまざまな化石を目にして、それが何の化石であるかを学ぶという訓練を繰り返し受けてきたことや、恐竜や化石についての体系的な知識を身につけていることの結果である。古生物学者は、その専門性ゆえに、化石に関する信頼性の高い直観を有しているのである。デヴィットによれば、哲学についても同様である。哲学の専門的な訓練を受けた哲学者は、その訓練ゆえに、個別事例に関する信頼性の高い直観を有してい

---

9) さらに、このような批判に対して、ジャスティン・シツマとジョナサン・ライヴェングッド（Sytsma and Livengood 2016, pp. 109-110）は、つぎのような応答も提示している。われわれ1人1人の直観はそれほど信頼性の高いものではないとしても、それが 0.5 以上の確率で正しいとすれば、多くの人の直観を合わせることできわめて信頼性の高い答えが得られることが、数学的に証明できる。実験哲学研究の経験的で体系的な調査方法は、信頼性の低さを克服することを可能にする手法なのである。

10) ティモシー・ウィリアムソン（Williamson 2011）も哲学者の直観を重視すべきという立場を支持している。

るのである[11]。

　しかし、この批判も説得的ではないように思われる[12]。第一に、哲学者の直観が一般人の直観よりも信頼できるかどうかや、哲学者の直観が十分に信頼できるものかどうかは、経験的に検証すべき問題である。また、一般人の直観は信頼できず、哲学者の直観は信頼できるということが明らかになったとしたら、実験哲学者は、哲学者の直観を対象とした体系的な調査を行えばよいということになる。この批判は、実験哲学研究そのものの重要性を否定するものとは言えないのである。

　第二に、実験哲学研究の中には、哲学者の直観も一般人の直観と同じようにさまざまなバイアスの影響を受けることを明らかにしたものがある。たとえば、エリック・シュヴィッツゲーベルとファイアリー・クッシュマン（Schwitzgebel and Cushman 2012）の研究によれば、何らかの道徳的な問題に回答させたのちにトロリー問題に回答させたところ、どのような問題の後で回答したかによって、一般人と哲学者いずれの回答にも変化が見られたという。哲学者の直観も順序効果の影響を受けるのである。このような知見を踏まえれば、一般人の直観は信頼できないが、哲学の専門家である哲学者の直観は信頼できると無条件に仮定することはできないことになる[13]。

　第三に、哲学の問題の中には、道徳的な善悪など、われわれの日常的な物の見方の一部であるものもある。われわれは、日常生活の中でさまざまな道徳的問題に直面し、さまざまな判断を下している。道徳的な善悪に関しては、誰も

11）　この類比には問題がある。古生物学の理論構築において最終的に重要なのは、サンプルそのもののさまざまな物理的性質であり、サンプルについての古生物学者の直観ではない。これに対して、哲学における理論構築においては、個別事例に関する直観そのものが本質的な役割を果たす。また、古生物学者が信頼性の高い直観を得ることができるのは、ある事例が何の化石であるかに関する正解がすでに明らかになっているからである。これに対して、哲学においては、そのような訓練に利用できる、すでに正解の明らかな問題の集合があるようには思えない。

12）　本文で挙げる３つの論点にもう１つつけ加えておくと、注９の内容を踏まえれば、たとえ一般人の直観よりも哲学者の直観の方が信頼できるというのが事実だとしても、一般人の直観がそれなりに信頼できるものだとすれば、一般人の直観の大規模な調査を行うことによっても、信頼性の高い答えを得ることができるはずである。そうだとすれば、どちらの直観に注目するかは、労力の違いはもたらすかもしれないが、本質的な違いをもたらすものではないということになる。

13）　このような知見は、肯定的プログラムを推進する実験哲学者にとっても不都合なものである。一般人を対象とする研究に依拠して否定的プログラムを推進する実験哲学者に対して、哲学者の直観を用いれば信頼できる結果が得られるはずだ、と反論することができなくなるからである。

が専門家であると言ってよいように思われるのである。このような問題に関しては、哲学者の直観を特別視すべき理由はないように思われる[14]。

　これらの理由から、哲学者の専門性を根拠として実験哲学研究の意義を否定する議論も、説得的ではないように思われる。

　本節では、実験哲学研究に対して提出された一般的な批判のうち、主なものを検討した。以上の検討からわかることは、哲学的探究における事例の方法の重要性を認めるならば、個別事例に関する直観を体系的かつ厳密に調査する方法として、実験哲学研究は、哲学的探究に不可欠なものだということである。さらに、哲学的探究における事例の方法の重要性を否定するとしても、直観が信頼できないことを実証的に明らかにする手段として、実験哲学研究は、やはり哲学的探究に不可欠なものと言える。哲学的探究に関してどのような立場をとるにせよ、実験哲学研究は、もはや無視できない重要性を持つ営みなのである。

9.3　実験哲学研究の展望

　以上の考察を踏まえれば、実験哲学研究は今後も活発に展開されていくだろう。では、具体的にはどのような展開が考えられるだろうか。最後に、この点について考察しよう。

より洗練された研究へ
　第一に考えられるのは、方法面での洗練である。ここまでの各章でも見たように、従来の実験哲学研究の中には、研究手法の点で問題があるものも少なく

---

14)　ここで、自由意志のような問題に関しては事情が異なると考える人もいるかもしれない。われわれの日常的な語彙には、自由意志という言葉は含まれないように思われるからである。しかし、たとえ自由意志という言葉が日常的な語彙に含まれないとしても、あることを自分でした、自らの意志でしたといった、自由意志に関連する表現は存在するだろう。また、自由意志に基づく行為とそうでない行動という区別は、簡単な説明を受ければ、多くの人に理解可能なものだろう。その意味では、自由意志という考え方そのものは、われわれの日常的な物の見方に非明示的な形で含まれていると言ってよいように思われる。

なかった。しかし、問題点の多くは、より適切な実験デザインや統計分析手法
を用いることによって克服可能な、技術的なものにすぎなかった。方法論的な
批判への応答を通じて、今後は、より適切で洗練された研究が可能になるだろ
う。

　本書で中心的に取り上げた実験哲学研究は、比較的初期のものである。その
多くは、数個のシナリオについての質問紙調査と、カイ二乗検定や一要因分散
分析などの比較的単純な統計的検定を用いたものだった。しかし、研究の目的
によっては、より複雑な実験デザインや統計分析も必要となる。実験哲学研究
にそのようなより進んだ研究手法を持ち込む動きは、すでに生じつつある[15]。

研究手法の拡張

　第二の展望は、研究手法の拡張である。これまで見てきたように、現在まで
の実験哲学研究の多くは、質問紙調査を用いたものである。しかし、実験哲学
を、経験的手法を用いて哲学的問題を探究する営みという広い意味で理解する
ならば、そこには質問紙調査以外にもさまざまな可能性がある。1.3でその他
の研究手法として紹介した行動観察や第6章で紹介した脳画像研究は、その具
体例である。そのほかにも、たとえば知覚に関する哲学理論を構築する際には、
さまざまな錯視の実験や、マスキング刺激を用いた知覚心理学実験の知見が重
要な意味を持つだろう。知性や認知の本性を解明する上では、進化生物学や動
物行動学の知見を参照することも不可欠だろう。また、言語哲学理論を構築す
る際には、われわれの日常的な言語使用に関するコーパスの分析が重要な役割
を果たすだろう。規範倫理学や政治哲学の理論構築には、行動経済学やゲーム
理論の実験が重要なデータをもたらすかもしれない。このように、哲学の問題
を考える上で重要な経験的知見は、個別事例に関する直観だけではない。

　ジェシー・プリンツ（Prinz 2008）は、経験的な知見を広く参照し、その制約
のもとで理論構築を行う哲学を経験哲学（empirical philosophy）と呼んでいる。

---

15)　方法論的な洗練においてさしあたりの目標となるのは、たとえば社会心理学研究である。しか
　　し近年、社会心理学の主要な研究に関して、その再現性をめぐる論争が生じている（cf. Giner-So-
　　rolla 2012）。社会心理学研究は、しばしば常識をくつがえすような興味深い結果をもたらすが、
　　そのような結果は、安定して再現可能なものとは限らないのである。実験哲学研究の信頼性を高
　　める上では、この再現性をめぐる論争にも目を配る必要があるだろう。

プリンツ自身も指摘するように、狭い意味での実験哲学、すなわち個別事例に関する直観の調査を主な方法とする実験哲学研究は、経験哲学の一部にすぎない。経験哲学、すなわち広義の実験哲学は、はるかに広い射程を持つ営みなのである。

　では、われわれがプリンツのいう経験哲学の手法で哲学研究に取り組むとき、事例の方法はどの程度重要な意味を持つことになるのだろうか。その重要性は、問題領域によって異なるように思われる。たとえば、知覚の本性について考える場合に最も重要な手がかりとなるのは、われわれが持つ知覚概念ではなく、さまざまな知覚心理学研究の知見だろう。これに対して、規範倫理学の理論構築において最も重要な手がかりとなるのは、個別事例の道徳的善悪に関する直観であり、この問題に関しては、そのほかに有用な手がかりはほとんど存在しないように思われる。このように、理論構築の際にどのような証拠が利用可能かということに関して、哲学の諸分野の間には違いがあり、それに応じて、直観の重要性や狭義の実験哲学研究の重要性は異なるように思われる[16]。

メタ哲学的な関心の広がり

　第三の展望は、メタ哲学的な問題関心の広がりである。実験哲学、特に否定的プログラムに属する諸研究を踏まえれば、事例の方法という分析哲学の中核をなす方法には、いくつかの点で根本的な反省を加える必要があるように思われる。

　第一の問題は、直観の信頼性である。否定的プログラムに属する一連の研究は、直観にはさまざまな不整合性や不安定性が見られることを明らかにしている。これが意味することは、もしわれわれが事例の方法を使い続けるのならば、信頼できる直観を何らかの仕方で特定する必要があるということである。

　しかし、哲学における直観の信頼性に関しては、原理的な批判も存在する（cf. Alexander, Mallon, and Weinberg 2010）。一般に、直観の信頼性を評価する際には、その直観の正しさを評価する外的基準が必要である。たとえば、確率に

---

16)　本書では初期の実験哲学における主要な研究を紹介してきたが、そのなかには、分析哲学の主要領域のうち、心の哲学や生物学の哲学に関する研究は含まれていない。その本質的な理由は上述の点にあると考えられる。

関する直観ならば、確率の定義に基づく計算結果と照らしあわせることで、直観の信頼性を評価することが可能である。しかし、哲学的な直観の場合には、このような外的基準は存在しないように思われるのである[17]。

　外的基準が存在しないということは、哲学の専門家である哲学者の直観の信頼性を評価する際にも問題となる。哲学者の直観が一般人の直観よりも信頼できることを端的に示すためには、外的な基準に照らして前者がより信頼できることを示す必要がある。ここで、哲学の問題に関しては、直観の信頼性を評価するための外的基準が存在しないとすれば、別の方法で間接的に哲学者の直観の優位性を示さなければならないことになる。外的基準によらずに哲学者の直観がより信頼できることを示す1つの方法は、内的整合性や首尾一貫性など、直観の信頼性の基準として広く受け入れられている一般的な基準に照らして、哲学者の直観の優位性を示すことだろう。しかし、たとえ哲学者の直観が内的に整合的で首尾一貫していることがわかったとしても、それが正しいということは、ただちに結論づけることはできない。整合性や首尾一貫性は、専門家集団における教育、悪く言えば洗脳の結果かもしれないからである。また、たとえば功利主義を支持する哲学者の直観と支持しない哲学者の直観がどちらも同程度に整合的で首尾一貫しているとすれば、これらの基準だけでは、どちらの直観がより信頼できるかを判定することはできないことになる[18]。

　事例の方法に依拠する哲学者や、肯定的プログラムのもとで研究を進める実験哲学者は、これらの問題点を克服して、信頼できる哲学的直観を特定しなければならないのである。

　第二の論点は、哲学における事例の方法の重要性である。実験哲学研究、特

---

17)　もしそのような外的基準が存在するならば、すなわち、たとえばある状況における安楽死が道徳的に容認できるかどうかを直観とは別の仕方で確実に知ることができるならば、われわれは、哲学の理論構築においてこの情報源を証拠として用いればよいことになり、直観に依拠する必要はなくなるだろう。理論構築において直観を重視していること自体が、外的基準の不在を示唆しているのである。

18)　哲学的直観のもう1つの問題は、それがどのようなメカニズムによって生み出されているかが明らかでないため、どのような場合に直観を信頼すべきでないかが明らかでないということである。哲学的直観は、さらなる正当化のない基礎的な証拠であるという点で、しばしば知覚と類比的に論じられる。しかし、メカニズムに関する知識の有無という点で、哲学的直観と知覚には大きな違いがある。

に肯定的プログラムに属する研究が重要な意味を持つのは、哲学において事例
の方法が重要な役割を果たす限りにおいてである。しかし、上でも述べたよう
に、個別事例に関する直観の重要性は、哲学の問題領域ごとに異なるように思
われる。たとえば、心理学の哲学や生物学の哲学においては、理論構築におけ
る証拠として最も重要なのは心理学や生物学の知見そのものであり、心理学的
な現象や生物学的な現象に関するわれわれの直観ではない。一般的に言って、
ある問題領域において直観以外の証拠が利用可能な場合は、その証拠がより高
い優先順位を持つのである。このような理由から、直観や事例の方法が重要な
役割を果たすのは哲学のどの問題領域かを特定することも、実験哲学研究をさ
らに進めるための重要な課題だろう。

哲学とはどのような学問か

　以上のような考察は、最終的には、哲学とはどのような学問かという、メタ
哲学のより根本的な問いに帰着するように思われる。ある問題領域においてど
のような研究手法が用いられるべきかは、その問題領域がどのような特徴を持
つかによって決まることだからである。ここで問題となるのは、つぎのような
問いである。

- 探究の対象は現象そのものか、われわれの概念か
- 探究の目的は事実の記述か、それ以外のことか
- われわれは現象そのものを探究する手段を有しているか

　たとえば、ある問題領域における探究の対象が現象そのものであり、探究の
目的が事実の記述であり、なおかつ現象そのものを探究する手段を有している
場合について考えてみよう。生命の本質の解明は、このようなタイプの問題領
域であるように思われる。探究の対象は生命現象そのものであり、探究の目的
は生命現象の本質の記述であり、それは、肉眼や顕微鏡による観察などによっ
て、実際に生命を持つさまざまな対象を探究することで達成されることだから
である。このような場合には、事例の方法は重要な役割を果たさないだろう。
　これに対して、探究の対象がわれわれの概念の解明である場合には、事例の

方法が本質的な役割を果たすことになる。たとえば、われわれがどのような生命概念を持っているかということは、さまざまな生物を調べることではなく、われわれがどのような対象に生命を認めるかを体系的に調べることによって、明らかにされることだからである。

　哲学の問題領域の中には、このような分類そのものが困難であるものも存在する。たとえば規範倫理学はその一例である。規範倫理学における理論構築において、哲学者は何をしているのだろうか。ある人々は、それは、さまざまな個別事例の道徳的善悪に関する客観的な事実や、客観的に実在する道徳規範の探究だと考えるだろう。しかし、他の人々は、規範倫理学が行っているのは、道徳的な善悪に関するわれわれの概念の解明だと考えるだろう。また別の人々は、それを、われわれが現在有している概念をより整合的、体系的にするための創造的な営みだと考えるかもしれない。そうだとすれば、倫理学とはどのような学問かに関する見解の違い、すなわちメタ倫理学上の立場の違いに応じて、規範倫理学の営みに関する理解は変化し、それに応じて規範倫理学の方法論も変化するということになる[19]。

　以上のような考察からは、哲学における実験哲学の位置づけに関しては、大きく分けてつぎの3つの可能性があることになるだろう。第一に、事例の方法が重要な役割を持たない問題領域においては、実験哲学研究には大きな貢献の余地はないだろう。第二に、事例の方法が重要な役割を持つ問題領域においては、肯定的プログラムに属する研究によって、実験哲学は問題解決に積極的に貢献できるだろう。第三に、事例の方法が重要な役割を持つ問題領域において、否定的プログラムに属する実験哲学研究によって、事例の方法に基づく探究がうまく行かないことが明らかになったとすれば、哲学者はその問題領域の探究方法に関して根本的な反省を迫られることになるだろう。

---

19)　道徳の問題には客観的な正解があると考える道徳的実在論をとるとしても、道徳原則と個別事例の関係をどのように考えるかによって、個別事例の重要性は変わりうる。たとえば、個別事例の善悪は一般的な道徳原則から演繹的に導き出され、一般的な道徳原則は道徳概念の分析を通じて得られるのだと考えるならば、個別事例に関する直観は重要性を持たないことになる。これに対して、道徳原則と個別事例は相互に修正を受けながら最大限に整合的となることが目指されるという反省的均衡の見方をとるならば、個別事例に関する直観は阻却可能な証拠という位置づけを得ることになる。

現在のところ、哲学の各問題領域がいずれに分類されるのかは、まだ明らかではない。われわれの直観がどの程度整合的で安定的なものであるのかも、まだ明らかではない。実験哲学には、探究すべき広大な領域が残されているのである。

参照文献

Alexander, J., Mallon, R., and Weinberg, J. (2010) Accentuate the Negative. *Review of Philosophy and Psychology*, 1(2): 297-314.

Cappelen, H. (2012) *Philosophy without Intuitions*. Oxford: Oxford University Press.

Cullen, S. (2010) Survey-Driven Romanticism. *Review of Philosophy and Psychology*, 1(2): 275-296.

Deutsch, M. (2009) Experimental Philosophy and the Theory of Reference. *Mind & Language*, 24(4): 445-466.

Deutsch, M. (2015) *The Myth of the Intuitive: Experimental Philosophy and Philosophical Method*. Cambridge, MA: MIT Press.

Devitt, M. (2011) Experimental Semantics. *Philosophy and Phenomenological Research*, 82(2): 418-435.

Giner-Sorolla, R. (2012) Science or Art? How Aesthetic Standards Grease the Way Through the Publication Bottleneck but Undermine Science. *Psychological Science*, 7(6): 562-571.

Greene, J., Sommerville, R., Nystrom, L., Darley, J., and Cohen, J. (2001) An fMRI Investigation of Emotional Engagement in Moral Judgment. *Science*, 293: 2105-2108.

Haidt, J. (2001) The Emotional Dog and Its Rational Tail: A Social Intuitionist Approach to Moral Judgment. *Psychological Review*, 108: 814-834.

Kauppinen, A. (2007) The Rise and Fall of Experimental Philosophy. *Philosophical Explorations*, 10(2): 95-118.

Kuntz, J. R., and Kuntz, J. R. C. (2011) Surveying Philosophers About Philosophical Intuition. *Review of Philosophy and Psychology*, 2: 643-665.

Machery, E., Mallon, R., Nichols, S., and Stich, S. (2004) Semantics, Cross-Cultural Style. *Cognition*, 92; B1-B12.

Nahmias, E., Morris, S., Nadelhoffer, T., and Turner, J. (2005) Surveying Freedom: Folk Intuitions About Free Will and Moral Responsibility. *Philosophical Psychology*, 18(5): 561-584.

Nichols, S., and Knobe, J. (2007) Moral Responsibility and Determinism: The Cognitive Science of Folk Intuitions. *Noûs*, 41: 663-685.

Prinz, J. (2008) Empirical Philosophy and Experimental Philosophy. In J. Knobe and

S. Nichols (eds.), *Experimental Philosophy*. New York: Oxford University Press.

Schwitzgebel, E., and Cushman, F. (2012) Expertise in Moral Reasoning? Order Effects on Moral Judgment in Professional Philosophers and Non-Philosophers. *Mind & Language*, 27(2): 135-153.

Sosa, E. (2007) Experimental Philosophy and Philosophical Intuition. *Philosophical Studies*, 132: 99-107.

Sytsma, J., and Livengood, J. (2016) *The Theory and Practice of Experimental Philosophy*. Peterborough: Broadview.

Wheatley, T., and Haidt, J. (2005) Hypnotic Disgust Makes Moral Judgments More Severe. *Psychological Science*, 16(10): 780-784.

Williamson, T. (2011) Philosophical Expertise and the Burden of Proof. *Metaphilosophy*, 42(3): 215-229.

あとがき

　本書は、科学研究費補助金（16H03347）による研究プロジェクト「哲学的知識の本性と哲学方法論に関するメタ哲学研究」の活動成果の一部である。この研究プロジェクトはメタ哲学、すなわち哲学という学問そのものについての哲学的な考察を主題とするものである。カントや論理実証主義などを見れば明らかなように、メタ哲学的な問題関心は常に哲学の重要な一部であったが、分析哲学においては、1990年代以降特に注目を集めている。その理由の1つが、実験哲学の登場である。このような事情から、本書はあくまでも実験哲学の入門書だが、その背後には、より一般的なメタ哲学への関心がある。

　本書の執筆者は、この研究プロジェクトのメンバーを中心としている。メタ哲学に関する関心を共有しているというだけでなく、日本の哲学研究者としてはまだ珍しいことだが、全員が実験哲学研究を自ら行った経験を有している。

　研究プロジェクトにそのようなメンバーが多かったこともあり、プロジェクトの活動の1つとして、実験哲学を主題とした本を出版しようということになった。しかし、日本では実験哲学自体がまだあまり知られていないし、日本語で読める文献もほとんどない。そこで、まずは実験哲学の入門書を出版しようということになった。具体的に執筆にとりかかったのは2019年の春で、それから1年強で、ほぼ予定通りに出版することができたことになる。これは、執筆者が各段階の締切を尊重してくれた結果にほかならない。実は、共著書の編者となるのは私にとっては初めての経験なのだが、編者としての苦労は皆無だった。編者としては、まず各執筆者にこの点を感謝したい。

　読者の方々には、内容面で2点断りを述べておきたい。

　第一に、入門書という性格上、各章の形式や内容については、ある程度制約を設けざるをえなかった。その点で、各章はそれぞれの執筆者の意向をそのま

ま反映しているわけではない。具体的な記述に関しては、入門書という性格を考慮して、編者と編集者が大幅に手を加えた箇所もある。訳語や日本語表記に関しても、最終的には編者と編集者の判断で表記を決定した。それゆえ、各章の内容上の独自性は、当然のことながらその章の執筆者に帰せられるべきだが、その他の形式的な面に関しては、編者が最終的な責任を負っていると考えていただきたい。

　第二に、実験哲学に対するスタンスは、執筆者によってそれぞれである。（本編の記述からもわかるかもしれないが）私は、分析哲学を含む従来の哲学の方法論にある程度批判的であり、実験哲学に関しても、否定的プログラムに最大の魅力を感じている。しかし、執筆者の中には、肯定的プログラムに共感し、実験哲学研究によって哲学の論争を進展させることができると考える者もいるし、そもそも実験哲学は事例の方法の役割を過大評価しすぎていると考える者もいる。実験哲学が現在の哲学において無視できない重要性を持っていると考える点で、執筆者の考えは一致しているが、最終的な評価は一致しているわけではない。入門書という性格上、本書ではこの点を表立って論じることはできなかったので、また別の機会に各自の意見を戦わせることができればと考えている。

　最後に、この本の編集を担当してくださったのは、勁草書房の土井美智子さんである。編者はこれまで、『シリーズ心の哲学Ⅰ　人間篇』を分担執筆して以来、たびたび土井さんにお世話になってきた。2015 年に出版した単著も、当初は土井さんに編集担当になっていただく予定だったのだが、遅れに遅れた原稿がまとまったタイミングがちょうど土井さんの産休・育休期間ということで、残念ながら編集を担当していただくことができなかった。今回、編著という形ではあるが、ようやく 1 冊の本を一緒に作ることができ、たいへん嬉しく思っている。土井さんはいつも通り迅速かつ正確な仕事ぶりで、出版までのペースメーカーとなってくれただけでなく、各章の記述についても細かくチェックをしてくださった。土井さん、いろいろとどうもありがとうございました。

　　2020 年 2 月

　　　　　　　　　　　　　　　　　　　　　　鈴木貴之

人名索引

事項索引

編著者略歴

鈴木貴之（すずき　たかゆき）　はしがき・第1章・第9章・あとがき

　1973年生まれ。東京大学大学院総合文化研究科准教授。著書に『ぼくらが原子の集まりなら、なぜ痛みや悲しみを感じるのだろう』（勁草書房、2015年）、『100年後の世界』（化学同人、2018年）、『脳神経科学リテラシー』（共著、勁草書房、2010年）ほか。

執筆者略歴（掲載順）

笠木雅史（かさき　まさし）　第2章・第5章

　1976年生まれ。名古屋大学教養教育院特任准教授。著書に『メタ倫理学の最前線』（共著、勁草書房、2019年）、『信頼を考える』（共著、勁草書房、2018年）ほか、主論文に "Problems of Translation for Cross-Cultural Experimental Philosophy" (*Journal of Indian Council of Philosophical Research* 34(3), 2018年）ほか。

和泉　悠（いずみ　ゆう）　第3章

　1983年生まれ。南山大学人文学部准教授。著書に『名前と対象』（勁草書房、2016年）、『メタ倫理学の最前線』（共著、勁草書房、2019年）、『信頼を考える』（共著、勁草書房、2018年）ほか。

太田紘史（おおた　こうじ）　第4章・第7章

　1980年生まれ。新潟大学人文学部准教授。著書に『モラル・サイコロジー』（編著、春秋社、2015年）、『新・シリーズ心の哲学』I〜III（編著、勁草書房、2014年）、『〈概念工学〉宣言！』（共著、名古屋大学出版会、2019年）ほか。

鈴木　真（すずき　まこと）　第6章

　1973年生まれ。名古屋大学大学院人文学研究科准教授。著書に『3.11以後何が問われているのか2』（共編、南山大学社会倫理研究所、2015年）、『私たちは他人を助けるべきか』（共編、南山大学社会倫理研究所、2013年）、『人工知能学大事典』（共著、共立出版、2017年）ほか。

唐沢かおり（からさわ　かおり）　第8章

　1960年生まれ。東京大学大学院人文社会系研究科教授。著書に『なぜ心を読みすぎるのか』（東京大学出版会、2017年）、『新 社会心理学』（編著、北大路書房、2014年）、『〈概念工学〉宣言！』（共編、名古屋大学出版会、2019年）ほか。

実験哲学入門

2020 年 6 月 20 日　第 1 版第 1 刷発行
2020 年 12 月 10 日　第 1 版第 2 刷発行

編著者　鈴　木　貴　之

発行者　井　村　寿　人

発行所　株式会社 勁 草 書 房
112-0005 東京都文京区水道 2-1-1　振替 00150-2-175253
（編集）電話 03-3815-5277／FAX 03-3814-6968
（営業）電話 03-3814-6861／FAX 03-3814-6854
三秀舎・中永製本

© SUZUKI Takayuki　2020

ISBN978-4-326-10282-2　　Printed in Japan

JCOPY ＜出版者著作権管理機構　委託出版物＞
本書の無断複製は著作権法上での例外を除き禁じられています。
複製される場合は、そのつど事前に、出版者著作権管理機構
（電話 03-5244-5088、FAX 03-5244-5089、e-mail: info@jcopy.or.jp）
の許諾を得てください。

＊落丁本・乱丁本はお取替いたします。
https://www.keisoshobo.co.jp

鈴木貴之
ぼくらが原子の集まりなら、なぜ
痛みや苦しみを感じるのだろう
3000 円
意識のハード・プロブレムに挑む

信原幸弘・太田紘史 編
シリーズ新・心の哲学
I 3000 円／II 3200 円／III 2800 円
I 認知篇／II 意識篇／III 情動篇

蝶名林亮 編著
メタ倫理学の最前線
4000 円

小山　虎 編著
信頼を考える
4700 円
リヴァイアサンから人工知能まで

植原　亮
自然主義入門
2800 円
知識・道徳・人間本性をめぐる現代哲学ツアー

和泉　悠
名前と対象
5000 円
固有名と裸名詞の意味論

藤川直也
名前に何の意味があるのか
4500 円
固有名の哲学

信原幸弘
情動の哲学入門
2700 円
価値・道徳・生きる意味

飯田　隆
分析哲学　これからとこれまで
2500 円

＊表示価格は 2020 年 12 月現在。消費税は含まれておりません。